S.G

Paul Raabe

Spaziergänge durch Nietzsches Sils-Maria

Arche

Inhalt

1. Auflage September 1994
2. Auflage Januar 1995
3. Auflage Mai 1996

Lithos: Die Repro, Tamm
Gesamtherstellung: Wilhelm Röck, Weinsberg
Printed in Germany
ISBN 3-7160-2182-2

Vordere Vorsatzseite:
Sils-Maria im 19. Jahrhundert.
Stahlstich von A. Fesca nach einer Zeichnung von L. Rohbock. 1865
Hintere Vorsatzseite:
Postwagen St. Moritz – Maloja. Um 1890
Frontispiz: F. Nietzsche am Silsersee.
Aquarell von Samuele Giovanoli.
Um 1937

Auf Nietzsches Spuren

Der »Einsiedler von Sils-Maria« war ein ausdauernder Spaziergänger, der die grandiose Hochgebirgslandschaft des Oberengadin während seiner sieben Sommeraufenthalte zwischen 1881 und 1888 Jahr für Jahr erlebte. Friedrich Nietzsche, der mit 25 Jahren zum Sommersemester 1869 auf den Lehrstuhl für klassische Philologie an die Universität Basel berufen worden war, hatte sich zehn Jahre später – 1879 – aus Krankheitsgründen pensionieren lassen. Der Gelehrte und Philosoph, Schriftsteller und Musiker litt unter erbarmungslosen Kopfschmerzen, die zu quälenden Anfällen mit Erbrechen führten. Außerdem beeinträchtigte ihn eine zunehmende Augenschwäche. Er suchte in seiner Heimat, in Naumburg an der Saale, oder in der Ferne Linderung seines schließlich zum Wahnsinn und zum Tode führenden Leidens. Im Herbst floh er in den Süden und lebte in Sorrent oder Genua, in Nizza oder Turin in Hotels und Pensionen, immer von seiner Arbeit verfolgt und immer auf der Flucht vor seiner Krankheit.

Im Sommer 1879 hatte er das Hochgebirge, den blauen Himmel, die Sonne, die Seen, die Berge in St. Moritz entdeckt. »Graubünden ist mir wirklich sehr lieb und St. Moritz der einzige Ort der Erde (soweit mir bekannt), der mir entschieden wohlthut, bei gutem und schlechtem Wetter.« (24. 7. 1879)

Zwei Jahre später kam er zum erstenmal nach Sils-Maria, zufällig, denn »ein junger Engadiner, mit dem ich eine Nacht gereist war, bemühte sich in uneigennütziger Weise um mich und hat mir ein stilles Plätzchen ausgemittelt, an dem ich gerne bis ans Ende sitzen bleiben möchte.« (7. 7. 1881) Nietzsche war beglückt über den »lieblichsten Winkel der Erde«: »So still habe ich's nie gehabt, und alle 50 Bedingungen meines armen Lebens scheinen hier erfüllt zu sein. Ich nehme diesen Fund hin als ein ebenso unerwartetes wie unverdientes Geschenk, gleich Ihrer herrlichen Musik, die hier, in dieser ewigen heroischen Idylle, noch schöner in's Herz geht als da unten«, schrieb Nietzsche seinem Musikerfreund Peter Gast nach Venedig (8. 7. 1881).

Er erlebte die sommerliche Natur wie eine Befreiung: »Die Wege, Wälder, Seen, Wiesen sind wie für mich gemacht.« (7. 7. 1881) Da er niemanden kannte und er den Sommergästen ebenso unbekannt war, konnte er sich auf den weiten Spaziergängen ganz seinen Gedanken hingeben. Er hatte stets eine Tasche bei sich und Papier und Bleistift, so daß er sich unterwegs Notizen machen konnte. Die Bewegung beruhigte seine angegriffene Gesundheit, sie war ein wohltuender Ausgleich nach den Stunden produktiven Arbeitens. »Mein Aussehen ist übrigens vortrefflich, meine Muskulatur in Folge meines beständigen Marschirens fast die eines Soldaten, Magen und

Sils-Maria zur Zeit Nietzsches

Unterleib in Ordnung. Mein Nervensystem ist, in Anbetracht der ungeheuren Thätigkeit die es zu leisten hat, prachtvoll und der Gegenstand meiner Verwunderung, sehr fein und sehr stark.« (ca. 9. 7. 1881) Wegen seines Augenleidens aber konnte Nietzsche nicht die Höhen ersteigen, und so wurde er der erste bekannte Spaziergänger in Sils-Maria.

»Hier im Engadin ist mir bei weitem am wohlsten auf Erden«, berichtete er (7. 7. 1881), und hier kam ihm angesichts der Bergmassive, die das weite Hochtal mit seinen lieblichen Seen wie entrückte Helden der Vorzeit umstellen, der Gedanke zu seinem philosophisch-literarischem Hauptwerk *Also sprach Zarathustra*.

»Die Augustsonne ist über uns, das Jahr läuft davon, es wird stiller und friedlicher auf Bergen und in den Wäldern. An meinem Horizonte sind Gedanken aufgestiegen, dergleichen ich noch nicht gesehen habe«, schrieb er am 14. August 1881 an Peter Gast. »Ich werde wohl einige Jahre noch leben müssen! Ach, Freund, mitunter läuft mir die Ahnung durch den Kopf, daß ich eigentlich ein höchst gefährliches Leben lebe, denn ich gehöre zu den Maschinen, welche zerspringen können! Die Intensitäten meines Gefühls machen mich schaudern ... Ich hatte jedesmal den Tag vorher auf meinen Wanderungen zuviel geweint, und zwar nicht sentimentale Thränen, sondern Thränen des Jauchzens.« Und zwei Jahre später: »Dieses Engadin ist die Geburtsstätte meines Zarathustra. Ich fand eben noch die erste Skizze der

in ihm verbundenen Gedanken; darunter steht ›Anfang August 1881 in Sils-Maria, 6000 Fuß über dem Meere und viel höher über allen menschlichen Dingen‹.« (3.9.1883)
Dieses Werk machte den Autor nach seinem Tode weltberühmt: Der *Zarathustra* wurde zu der »heiligen Schrift« einer ganzen Generation seit Anfang des 20. Jahrhunderts, die den Ruf nach einem neuen Menschen und der Befreiung von den Fesseln des Fortschrittsglaubens begeistert aufnahm. Und mit dem Werk Nietzsches wurde auch Sils-Maria weltberühmt als der Ort, an dem der Philosoph das nach seinem Verständnis tiefste Buch, das die Menschheit je ersann, erdacht hatte.
Nietzsche selbst hat dem Ort mit dem klangvollen Namen in einem berühmten Gedicht ein Denkmal gesetzt:

Sils-Maria

Hier saß ich, wartend, – doch auf Nichts,
Jenseits von Gut und Böse, bald des Lichts

Genießend, bald des Schattens, ganz nur Spiel,
Ganz See, ganz Mittag, ganz Zeit ohne Ziel.

Da, plötzlich, Freundin! wurde Eins zu Zwei –
– Und Zarathustra ging an mir vorbei ...

»Welches herrliche Jahr 1881!« schrieb Nietzsche, ehe er den Ort im September verließ. Da ihn im folgenden Jahr die »Freundin« – Lou Andreas-Salomé – fesselte und er den Sommer in Tautenburg unweit von Naumburg verbrachte, kam er erst 1883 wieder nach Sils-Maria und kehrte dann bis 1888 Jahr für

Blick von Bellavista auf den Silsersee. Um 1930

Jahr an den gleichen Ort zurück: »Sils ist wirklich wunderschön; in gewagter Latinität das, was ich Perla Perlissima nenne. Ein Reichthum an Farben, hundert Mal südlicher darin als Turin.« (14.6.1888)

Nietzsche war längst heimisch geworden: Er bewohnte ein bescheidenes Zimmer im Hause von Gian Durisch (vgl. Seite 19 ff.). Dort schrieb er seine Texte, den zweiten Teil des *Zarathustra,* Passagen und Vorworte zu seinen letzten Büchern *Jenseits von Gut und Böse, Zur Genealogie der Moral,* Entwürfe zu seinem unvollendeten Spätwerk über die Umwertung aller Werte. Die letzte große Schrift, am Rande des Wahnsinns niedergeschrieben, der *Ecce Homo,* entstand ebenfalls in der Höhenluft von Sils-Maria. Und Nietzsche schrieb hier Briefe, viele aufschlußgebende Briefe.

In diesem letzten Sommer 1888 steigerte sich Nietzsches Produktivität ins kaum noch Nachzuvollziehende. Sie ging einher mit einem Gleichklang in der Natur, den er voller Bewunderung in einem Brief an Meta von Salis zum Ausdruck brachte: »Der dritte September war ein sehr merkwürdiger Tag. Früh schrieb ich die Vorrede zu meiner Umwerthung aller Werthe, die stolzeste Vorrede, die vielleicht bisher geschrieben worden ist. Nachher gieng ich hinaus – und siehe da! der schönste Tag, den ich im Engadin gesehen habe, – eine Leuchtkraft aller Farben, ein Blau auf See und Himmel, eine Klarheit der Luft, vollkommen unerhört …« (7.9.1888)

Im *Ecce Homo* variierte er den Blick: »Als ich Morgens, nach dieser Niederschrift, ins Freie trat, fand ich den schönsten Tag vor mir, den das Oberengadin mir je gezeigt hat – durchsichtig, glühend in den Farben, alle Gegensätze, alle Mitten zwischen Eis und Süden in sich schließend.«

Dieser Höhepunkt war zugleich ein Finale. Die Einwohner von Sils, die den wunderlichen Professor kannten und schätzten, und die Gäste, die ihn verehrten, mögen sich im Frühsommer 1889 gefragt haben, warum der schnurrbärtige philosophische Gelehrte ausblieb. Spät erst werden sie erfahren haben, daß Nietzsche im Januar 1889 einen geistigen und körperlichen Zusammenbruch erlitten hatte, von dem er sich nicht mehr – bis zu seinem Tod am 25. August 1900 – erholen sollte.

Was Sils-Maria für Nietzsche und Nietzsche für Sils-Maria bedeutete, hat sehr früh eine Schweizerin, Meta von Salis (1855–1929), von der viel die Rede sein wird, in ihrem 1897 erschienenen Nietzsche-Buch aus persönlichem Umgang und intimer Kenntnis der Oberengadiner Landschaft beschrieben: »Für mich ist Nietzsche mit Sils so unzertrennbar verknüpft, wie Heraklit mit dem Heiligthum der Göttin bei Ephesus. Es war sein optimum im Norden, wie Turin zuletzt sein optimum im Süden wurde … In die schweigende Gebirgswelt des Ober-Engadins, in die farben- und formensatte Umgebung des sauberen Sils-Maria, wo der Duft des nahen Südens wie eine Verheißung über den beiden Zacken des Piz Badile zu schweben scheint, ist der einsamste, stolzeste und zarteste Mann unseres Jahrhunderts in sein angestammtes Reich getreten, wie ein in der Verbannung geborener Königssohn. Auf den moosigen Pfaden der Halbinsel, den tiefblauen Silser See ent-

Nietzsche. Foto von Gustav Schultze. 1882

lang nach Isola, den Lärchenwald hinauf nach Laret oder Bella Vista, an der Sägemühle vorbei nach dem minder intensiv blauen See von Silvaplana und an dessen waldigem Ufer hin zum Zarathustrastein, wo die Wiesen des verlassenen Surlei beginnen, durch die Schlucht gegen das Fextal hin – Sommer um Sommer ist er seit 1881 da gegangen, vor sich hinsinnend, das Auge auf Berg und See ausruhend, langsam, langsam, oder rasch, ein ›Tänzer‹, wenn er mit Gedankenbeute beladen seiner ›Höhle‹ zueilte. Eine Gestalt, die Mancher gewahr wurde, der ihm betroffen in's Antlitz schaute und doch nicht ahnte, daß ihn Späterkommende beneiden würden um den einen Blick!«

Nietzsche war einer der frühesten prominenten Sommergäste in Sils-Maria, der die Schönheit des kleinen Ortes kennenlernte. Er besaß in seiner Bibliothek das dreibändige, mit vielen Stahlstichen ausgestattete Werk *Die Schweiz in Original-Ansichten ihrer interessantesten Gegenden* (Darmstadt 1865–67). In dem begleitenden »historisch-topographischen Text« von H. Runge heißt es über Sils-Maria: »Endlich erreichen wir das in rauher wilder Gegend 5560 Fuß über dem Meere gelegene Dorf Sils, das aus zwei Theilen besteht. Während das Kirchdorf sich mit seinen schmucken Häusern nackt und kahl auf mooriger Hochfläche, welche an die kalten Torfmoore des Nordens durch ihre Vegetation erinnert, erhebt, baut das aristokratischere Sils-Maria zwischen lärchenbewachsenen Hügeln in heimelnder Abgeschiedenheit am Ausgange des Fex-Thales seine schönen steinernen mit reich verzierten Balkons versehenen und von niedlichen Gartenanlagen umgebenen Wohngebäude auf. Hoch im Gebirge, in der Alpenregion erinnern diese noch immer durch ihr hübsches Äußere wie durch ihre bequeme innere Einrichtung an das Leben der Städte, aus deren buntem Treiben sich ihre Besitzer hierher zurückgezogen haben.«

Nietzsche besaß auch den *Baedeker: Die Schweiz nebst den angrenzenden Theilen von Oberitalien, Savoyen und Tirol. Handbuch für Reisende,* in der 12. Auflage von 1869. Der rote Lederband trägt im Vorderdeckel die Eintragung: »Dr. Nietzsche Professor in Basel.« Allerdings stehen darin über Sils-Maria nur einige Sätze wie auch in dem dritten Buch über die Schweiz, das er besaß: M. Koch von Berneck, *In 30 Tagen durch die Schweiz* (2. Aufl. 1878).

Dagegen wurde in Martin Caviezels *Führer auf Spaziergängen, kleinen und großen Touren* durch das Oberengadin aus dem Jahre 1886 Sils, dessen Höhe noch mit »1797 m überm Meer« (heute 1812 m) angegeben wird, so beschrieben: »Auf der rechten Seite des Innflusses, unweit seines Austrittes aus dem Silsersee, liegt nahe an der Brücke die Häusergruppe Sils-Baseglia, 7,2 km von Maloja, 4,4 km von Silvaplana entfernt. Die Gebäude sind meist im alten Engadinerstyl erbaut. Das kleine, altersgraue Kirchlein, mit nebenan liegendem, prunklosem Friedhof, ist wohl das älteste Gotteshaus der Umgebung; die Kirchenglocke trägt die Jahreszahl 1446. Hier ist die Postablage für die ganze Gemeinde. Der Postwagen hält jenseits des Flusses neben der Brücke, wo die Passagiere im Freien aus- und einsteigen und die Poststücke verladen werden.

Sils-Maria liegt 0,9 km weiter zurück am Rande der Ebene, zu beiden Seiten des reißenden, nunmehr durch starke Thalsperren und Schuttfänge in der Schlucht Drög unschädlich gemachten Fexbaches. Zwei schöne Sträßchen zweigen von der Thalstraße dahin ab: das eine von Sils-Baseglia nach Hotel Alpenrose, das andere geht in der Ebene oberhalb des Silvaplanersee's gegen Hotel Edelweiß zu. Sils-Maria ist der Hauptort mit einer neuen Kirche. Die Häuser sind zur größten Zahl schön und geschmackvoll im neuen Baustyl aufgeführt. Eine Menge von Topf- und Gartenblumen im lieblichsten Farbenschmuck zieren die Fenster und kleinen Gärtchen, in denen auch einige Zitterpappeln, Vogelbeer- und Weidenbäume zur Zierde eingepflanzt sind. Unterhalb des Dorfes stehen der Straße entlang mehrere Sträucher der Traubenkirsche, welche Pflanze im Oberengadin äußerst selten vorkommt und überhaupt nicht leicht bis in diese Höhe hinaufreicht. In diesem Theile befinden sich die beliebten Fremdenstationen: Hotel Alpenrose und Hotel Edelweiß, das Telegraphenbureau, eine meteorologische Beobachtungsstation und die Alpenliqueurfabrik des Herrn Robbi.«

In älteren Reiseberichten wird Sils-Maria selten erwähnt. Erst mit dem Aufkommen des Tourismus nach 1870 werden Fremde, Deutsche, Engländer, Italiener und Russen, auf den verträumten Ort aufmerksam, in dem zwei Hotels entstanden, die den Ruhm Sils-Marias mitgeprägt haben.

Der Schweizer Schriftsteller Jakob Christoph Heer (1859–1925), später Schriftleiter der *Gartenlaube*, beschreibt Sils-Maria in seinen *Streifzügen im Engadin* (1898) so: »Zwischen Silvaplaner- und Silsersee, abseits der großen Talstraße, hat es sich in eine südliche Nische des Gebirges versteckt und schaut daraus schelmisch hervor wie ein Mädchen, das sich zum Guckaus hinter die Türe gestellt hat.

Die Fremden haben aber Sils-Maria längst entdeckt; sie schätzen es wegen der ländlichen Schönheit, die ihm geblieben ist, und lassen es nicht mehr los. Nur ein Bedauern, nämlich, daß es in Sils bloß zwei Gasthöfe gibt, die freundliche ›Alpenrose‹ und ein hübsches ›Edelweiß‹. Schon lange hat man aus dem Dörfchen eine kleine Stadtdame nach dem Vorbild von St. Moritz machen wollen; aber die ehrenfesten Bauern haben sich verabredet, daß sie um keinen Preis auch nur einen Fuß Land zum Bau eines neuen großen Gasthofes hergeben. Es ist das nur zum Teil auf die merkbare Abneigung zurückzuführen, die der engadinische Landwirt gegen das Fremdenwesen nährt, das doch auch ihm große Vorteile bringt; weit mehr auf die Pietät, die das Völklein für jedes Fleckchen kultivierte Erde hat. Warum soll ein Gasthof da stehen, wo jetzt so schönes saftiges Gras wächst? So fragen die Silser. Die Silvaplaner aber haben sie in der rührenden Verehrung für den fruchtbaren Mutterschoß der Erde noch übertroffen ...«

Nach Nietzsches Tod wurde Sils-Maria zum Wallfahrtsort für die vielen Verehrer des Philosophen. Sein Name und das Andenken an ihn adelten die Landschaft. Der österreichische Schriftsteller Franz Servaes (1862–1947) war einer der frühesten, der sich auf Nietzsches Spuren begab, und einer der vielen, die

in Zeitungen und Zeitschriften ihre Erlebnisse in Sils-Maria schilderten. Er veröffentlichte 1901 *Skizzen aus dem Engadin*.
»Sils-Maria, 4. August. Diese Stätte ist Nietzsche heilig. Sieben Sommer lang weilte er hier zwischen hohen Bergen und empfing aus der Hand der Natur das Evangelium froher Lebensbejahung. Lange hatte er nach einem Ort gesucht, der seiner Art förderlich sei, wo er Ruhe, Nervenkraft, Helligkeit geschenkt erhielt, und wo er den Weltgeist spürte, den er in sich trug. Da nannte man ihm Sils-Maria. Er ging hin, und er war gewonnen.«
Die Erinnerung an Nietzsche ist in Sils-Maria bis heute lebendig geblieben. Auf den Spaziergängen, die wir in diesem Buch beschreiben werden, wollen wir von den Plätzen und Wegen, den Häusern und Hotels erzählen, die mit Nietzsches Namen verbunden sind, und von den Menschen, auch besonders den Frauen, die ihm begegneten. Darüber hinaus aber werden wir von den späteren, vor allem den berühmten Gästen berichten, die im Laufe unseres Jahrhunderts ihre Ferien nicht immer Nietzsches wegen in Sils-Maria verbrachten, von den Schriftstellern und Philosophen, Malern und Musikern, von den Gelehrten und Verlegern.
Die Liste der Namen ist lang, nicht alle können erwähnt werden. Die Elite Europas aber – so läßt sich sagen – war in Nietzsches Sils-Maria zu Gast: von Marcel Proust bis Pierre-Jean Jouve, von Hermann Hesse und Thomas Mann bis Theodor W. Adorno und Friedrich Dürrenmatt, von Otto Klemperer und Bruno Walter bis Clara Haskil und Pierre Fournier, von Giovanni Segantini und Ferdinand Hodler bis Marc Chagall und Oskar Kokoschka.
Für Thomas Mann (1875–1955) war das »Ober-Engadin … der schönste Aufenthalt der Welt«, und das gleiche dachte Hermann Hesse (1877–1962): »Gesehen habe ich viele Landschaften und gefallen haben mir beinahe alle, aber zu schicksalhaft mir zugedachten, mich tief und nachhaltig ansprechenden, allmählich zu kleinen zweiten Heimatländern aufblühenden wurden mir nur ganz wenige, und wohl die schönste, am stärksten auf mich wirkende von diesen Landschaften ist das obere Engadin.«
Auch für Rainer Maria Rilke (1875–1926) waren die wenigen Tage in Sils eine bleibende Erinnerung: Von Soglio aus schrieb er am 11. August 1919 an den Maler Rudolf Reinhold Junghanns: »Nun müssen Sie glockenklare Tage da oben haben: wie schön mag es auf der Chasté sein, auf dem Waldweg nach Silva-Plana, in Isola!«
Wie der berühmte Dirigent Bruno Walter (1876–1962) haben seither viele das Engadin und Sils-Maria in Erinnerung behalten. In seinem Buch *Thema und Variationen* schrieb er: »Im Sommer 1919 also gingen wir ins Engadin, das ich noch nie gesehen und dessen Schönheit ich sofort als eine neue, starke, willkommene Fessel an das Leben empfand. Seitdem haben wir alljährlich bis 1939 dort die freien Sommerwochen, oft außerdem auch einige Zeit im Winter verbracht und, obwohl ich gegen Nietzsches Antichristentum, Antiwagnerianismus, Übermenschen-Ideologie und sogar gegen seine aphoristische Schreibweise in Opposition stand, begeisterte es

Blick von Marmoré auf Sils-Maria und Sils-Baselgia. Um 1930

mich doch, auf den Pfaden des hochgestimmten, ekstatischen Menschen, den Höhenwegen des Engadin, zu wandeln, das Haus in Sils-Maria zu besuchen, in dem der *Zarathustra* entstanden, die erhabenen Bergformen zu sehen, die reine Luft zu atmen, von denen ihm Inspiration zu kühnen Gedanken zugeströmt war, und auf der Halbinsel Chasté zu weilen, wo er *O Mensch gib' Acht* gedichtet. Mir ist in aller Welt keine edlere Schönheit bekannt geworden, als die Engadiner Bergwelt, und jeder Spaziergang in ihren Höhen war mir ein Glück ...«

Der Schatten Nietzsches, der über Sils-Maria liegt, hat die Dichter und Philosophen begleitet, die an diesem kleinen Ort Erholung suchten. Nur von einigen wissen wir, was sie gefühlt und empfunden haben. Auf Nietzsches Spuren werden sie die Lebenstragik erahnt haben, die Gottfried Benn (1886–1956) in seine bekannten Verse gefaßt hat:

Sils-Maria

I

In den Abend rannen die Stunden,
er lauschte im Abhangslicht,
ihrer Strophe: »alle verwunden,
die letzte bricht ...«

Das war zu Ende gelesen.
Doch wer die Stunden denkt:
ihre Welle, ihr Spiel, ihr Wesen,
der hat die Stunden gelenkt –:

Ein Alles-zum-Besten-Nenner
den trifft die Stunde nicht,
ein solcher Schattenkenner
der trinkt das Parzenlicht.

II

Es war kein Schnee, doch Leuchten,
das hoch herab geschah,
es war kein Tod, doch deuchten
sich alle todesnah –
es war so weiß, kein Bitten
durchdrang mehr das Opal,
ein ungeheures: Gelitten
stand über diesem Tal.

Benn wurde, wie alle Schriftsteller und Künstler seiner Generation, von Nietzsche beeinflußt: Aber er ist vermutlich nie im Engadin gewesen. Doch seine Strophen bringen die hoffnungslose Lage des einsamen Nietzsche in Sils-Maria zum Ausdruck, die in dem gleichzeitig entstandenen Gedicht *Dennoch die Schwerter halten* noch präziser beschrieben wird. Die beiden ersten Strophen lauten:

Der soziologische Nenner,
der hinter Jahrtausenden schlief,
heißt: ein paar große Männer
und die litten tief.

Heißt: ein paar schweigende Stunden
in Sils-Maria Wind,
Erfüllung ist schwer von Wunden,
wenn es Erfüllungen sind.

Heute ist der Philosoph eine große historische Gestalt. Die Unmittelbarkeit seiner Sprache und die Kraft seiner Überzeugungen sind nicht verlorengegangen, seine Werke sind aktuell geblieben. In der Verbindung mit den »Manen« Nietzsches bleiben die Faszination und so auch der Zauber von Sils-Maria. Der Ort hat sich im Laufe dieses Jahrhunderts sehr verändert. Er hat sich vergrößert, und viele Wohnhäuser fügen sich nicht mehr ein in die Harmonie des alten Dorfes. Schon wurden die Blicke über die Seen verstellt, die Autos der Urlauber überrollen die Idylle des Ortes. Auch Sils-Maria kann sich dem Sog des technischen Zeitalters nicht entziehen.

Dennoch können die Gäste, die Ruhe suchen, das Überlieferte an vielen Stellen erleben, und zu diesen führen die sechs Spaziergänge durch Sils-Maria: Wir werden die Chasté und Sils-Baselgia besuchen, in das Fextal wandern und die einzigartige Umgebung zwischen Silvaplana und Maloja auf den Spuren Nietzsches kennenlernen. Wir werden – wie dieser – nur auf seinen Wegen spazierengehen und deshalb nicht ins Gebirge steigen, nicht einmal zur Marmoré hinaufwandern, um das einzigartige Panorama des Oberengadin zu genießen. Aber wir werden den Ort und die Landschaft mit ihren Wiesen und Seen in ihrer unbeschreiblichen Schönheit und Klarheit auf diese Weise betrachten und uns Nietzsche vorstellen können, wie es viele taten, die an diesem Ort einst und jetzt Erholung gesucht und gefunden haben.

In seinem anregenden Buch *Von Sils-Maria aus betrachtet. Ausblicke vom Dach Europas* (1991) hat Iso Camartin, ein einheimischer Wissenschaftler und Essayist, dieses unvergeßliche Erlebnis so beschrieben:

»Gewaltig sind inzwischen die Scharen, die Sommer für Sommer den oberengadinischen Seen entlang, auf Wanderungen in die Val Fex und nach Grevasalvas, vor allem aber beim Gang nach Chasté zum Standplatz jener so sehr herbeigewünschten Hundehütte dem Philosophen nachempfinden, was es mit dem

Die Hotels in Sils-Maria. Von li. nach re.: »Edelweiß«, »Schweizerhof«, »Waldhaus«, »Alpenrose«. Um 1930

Licht, dem Wind, der Kälte, der Stille und dem ›Vernehmen der innersten Stimme‹ so auf sich hat. An manchen Tagen glaubt man in Sils, dem unfrommen Philosophen sei sein Lourdes auch nicht erspart geblieben. Und doch gelingt es jedem, dem daran gelegen ist, die Dämmerstunde zu finden, in welcher er auf Chasté keiner Menschenseele begegnet. Man muß nicht ein Freund der Philosophie Nietzsches sein, ja nicht einmal seiner Sprache, um zu verstehen, weshalb diese Landschaft ihm so nahegehen konnte. Eine seltsam pathetische Komponente ist ihr eingezeichnet. Wer einmal in der frühesten Morgendämmerung von Maria nach Baseglia hinüberwandert, wird in der langsam anwachsenden Beleuchtung der Landschaft ihres Bühnencharakters gewahr. Wenn aus dem Bergell wie aus einer Dampfküche der Unterwelt die Nebelschwaden sich hinter der Kulisse Malojas empordrängend aufstauen, um in Kürze im eisigen Blau des Himmels wieder spurlos zu vergehen, wohnt man einem Naturschauspiel bei, bei welchem heftigste Gegensätze zur Darstellung gelangen. Läßt man sich darauf ein, ist man schon ein Gefangener dieser Landschaft. Wer dann im Lej Giazöl, im Elsternsee, wo der Inn gerade den Silsersee verlassen hat, im Morgenlicht sich selbst im Spiegel erblickt, entdeckt die eigene Verwandlung. Es ist der einzige Ort der Welt, wo jene biblische Tabor-Erfahrung unmittelbar evident wird und man mit dem benommenen Apostel ausrufen möchte: ›Hier ist gut sein, laß uns hier eine Hütte bauen.‹«

Ein vergessener Schriftsteller, Carl Wels, 1910 Gast im »Hotel Waldhaus«, veröffentlichte in seinem Buch *Im Schatten der Akazien* ein Gedicht in Hexametern, dessen Anfang unsere Einleitung beschließen soll:

Sils-Maria

Nimmer warst du, Natur, die Gütige,
besser beraten,
Als da du Sils-Maria erschufest zur
Freude der Menschen,
Mit seinem lieblichen See, der grünlich
bald schimmert, bald tiefblau,
Rings von den Höhen umrahmt, die
weiß ihre Häupter verhüllen.
Gleich dem smaragdenen Schmuck-
stück, das in Demanten gefaßt ist,
Prangend am Halse der herrlichsten,
also erstrahlet der See auch,
Glitzernd von Gletschern umgeben, am
Halse der Schönen »Maria«.

Die von Corvatsch und der Margna,
gleich feindlichen Freiern behütet,
Sorglich schützt die schwellenden
Glieder auf duftenden Wiesen,
Und das Haupt mit dem »Waldhaus« als
Krone am lärchenbestandenen,
Freundlichen Hügel Laret zu
olympischer Ruhe erstrecket!
...

Chesa Cumünela und Chesa Marchetta. Um 1950

Erster Spaziergang Nietzschehaus und Alp Prasüra

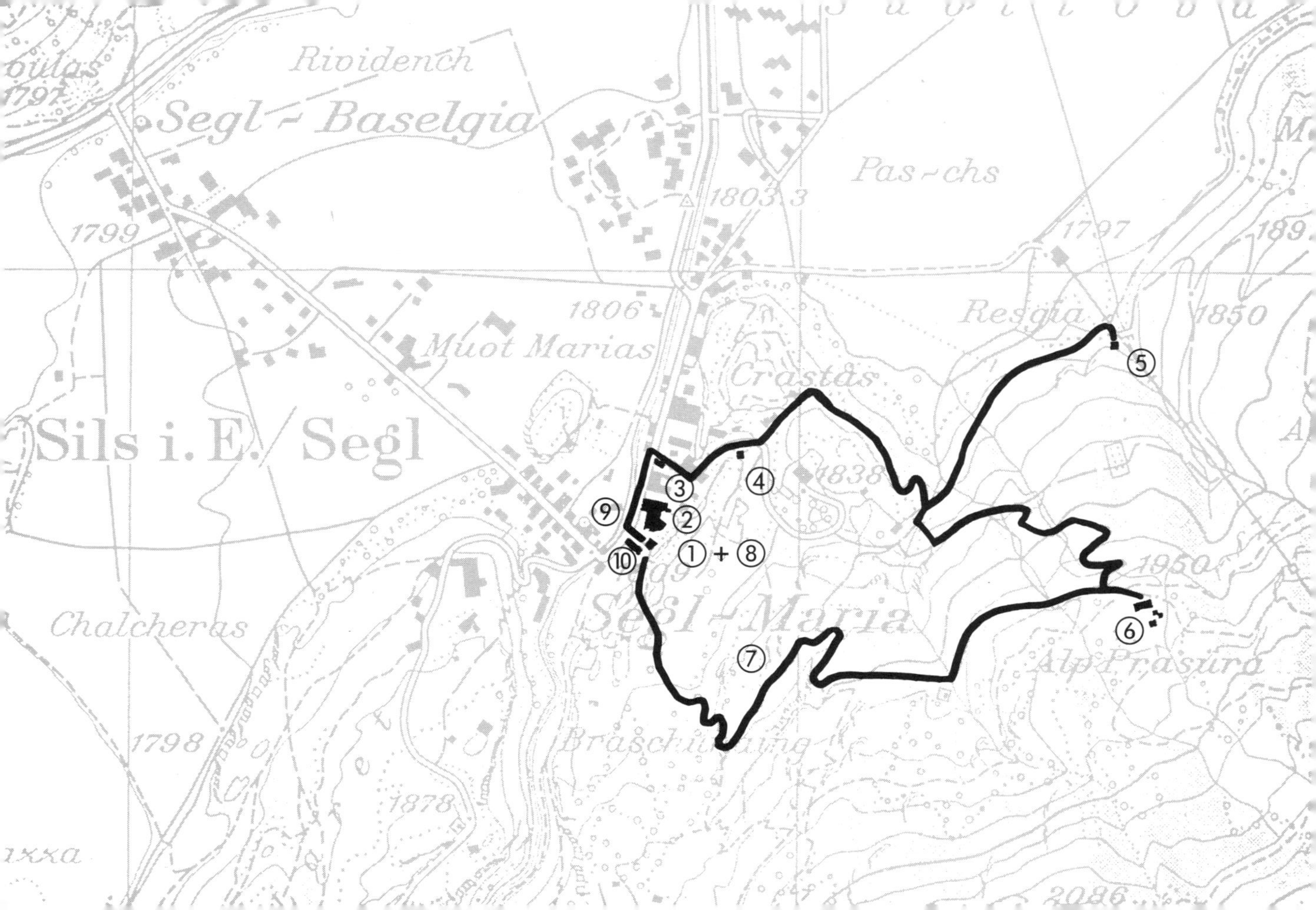
Rividench
Segl - Baselgia
Pas-chs
1799
1803.3
1797
1806
Muot Marias
Crastas
Resgia
1850
Sils i. E. / Segl
1838
Segl - Maria
1950
Alp Prasüra
Chalcheras
Braschlüng
1798
1878
2086
1
2
3
4
5
6
7
8
9
10

Auf dem Platz vor der Chesa Cumünela, dem Gemeindehaus mit dem Fremdenverkehrsbüro im Erdgeschoß, warten die Kutscher mit ihren Gespannen geduldig auf Gäste, die auf bequemem Weg ins Fextal gefahren werden möchten. Wir wählen das Zentrum von Sils-Maria zum Ausgangspunkt der sechs Spaziergänge. Unser erster Weg auf Nietzsches Spuren führt uns zunächst in das Haus, in dem der Philosoph gewohnt hat; dann aber gehen wir seinen Lieblingsweg zur Sägemühle und steigen zur Alp Prasüra auf: So können wir zugleich auch die ihn tief beeindruckenden Berge und die Seen von der Höhe aus bewundern.

Wir gehen wenige Schritte die Dorfstraße in östlicher Richtung entlang.

❶ Das Nietzschehaus

Zwischen dem Haus Curtin und dem Hotel »Edelweiß« liegt, weit zurückgesetzt gegen die unmittelbar dahinter aufsteigende Bergwand, das bescheidene Häuschen, in dem Nietzsche zwischen 1881 und 1888 während seiner Sommeraufenthalte wohnte. Es unterscheidet sich in seiner Schlichtheit von den übrigen, meist größeren, vielfach um-, aus- und neugebauten Gebäuden des Ortes. Unwillkürlich fühlt man sich an das Schillerhäuschen an der Esplanade in Weimar erinnert: auch dort die gleiche äußere Einfachheit.

Der Philosoph Theodor W. Adorno (1903–1969), der in den sechziger Jahren jeden Sommer Stammgast in Sils-Maria war, hat nachempfunden, was

Das Nietzschehaus in den sechziger Jahren

den Besucher bei diesem Anblick bewegt: »Das Haus ... zeigt, wie würdig man vor achtzig Jahren arm sein konnte. Heute wäre man, unter ähnlichen materiellen Bedingungen, bürgerlich deklassiert; angesichts des ostentativ hohen Gesamtstandards fühlte man von der Kargheit sich gedemütigt. Damals erkaufte man um den Preis bescheidenster Lebensführung die geistige Unabhängigkeit. Auch das Verhältnis zwischen Produktivität und ökonomischer Basis unterliegt der Geschichte.«

Wir betreten das Haus über vier Stufen, links und rechts von der Eingangstür je zwei unterschiedlich ausgestaltete Fenster. Im Obergeschoß zur Westseite mit dem Blick auf das Grün der Felsen und Sträucher liegt das seinerzeit einfach ausgestattete Zimmer, in dem Nietzsche lebte und litt, schrieb und schlief.

Er verdankte das bescheidene Quartier einer Reisebekanntschaft, dem »ernsten und liebenswürdigen Schweizer«, der aus Neapel in seine Heimat zurückkehrte. Dort wohnte Nietzsche, nur mit seinen Gedanken beschäftigt, zum erstenmal im Sommer 1881. Als er zwei Jahre später wieder kam, erbat er vom Wirt die gleiche Kammer und lebte dann dort Jahr für Jahr.

Die Unterkunft war ihm eigentlich viel zu klein: »Lieber alter Freund, nun bin ich wieder im Ober-Engadin, zum dritten Male, und wieder fühle ich, daß hier und nirgends anderswo meine rechte Heimat und Brutstätte ist. Ach, was liegt noch Alles verborgen in mir und will Wort und Form werden! Es kann gar nicht still und hoch und einsam genug um mich sein, daß ich meine innersten Stimmen vernehmen kann! Ich möchte Geld genug haben, um mir hier eine Art ideale Hundehütte zu baun: ich meine, ein Holzhaus mit 2 Räumen; und zwar auf einer Halbinsel, die in den Silser See hineingeht und auf der einst ein römisches Castell gestanden hat. Es ist mir nämlich auf die Dauer unmöglich, in diesen Bauernhäusern zu wohnen, wie ich bisher gethan habe: die Zimmer sind niedrig und gedrückt, und immer giebt es mancherlei Unruhe.« (An Carl von Gersdorff, Ende Juni 1883) Im Erdgeschoß betrieb Gian Durisch, der Hauswirt, einen Gemischtwarenladen, und es wird nicht ausgeblieben sein, daß sich der schreibende Gelehrte durch den Lärm, der heraufklang, gestört fühlte.

Wie es in Nietzsches engem Zimmer aussah, hat der Indologe Paul Deussen (1845–1919) berichtet, der 1887 seinen Jugendfreund besuchte: »Die Einrichtung war die denkbar einfachste. An der einen Seite standen seine mir von früher her noch wohlbekannten Bücher, dann folgte ein bäurischer Tisch mit Kaffeetasse, Eierschalen, Manuskripten, Toilettengegenständen in buntem Durcheinander, welches sich weiter über einen Stiefelknecht mit darin steckendem Stiefel bis zu dem noch ungemachten Bette fortsetzte.«

Nietzsche blieb auch während seiner späteren Aufenthalte in dem dunklen, nicht heizbaren Zimmer wohnen, zumal er Helligkeit nicht ertrug. Das einzige, was er veranlaßte, war, daß die weißgetünchte Stube wegen seiner empfindlichen Augen grün tapeziert wurde. Doch zwei Jahre später klagte er wieder: »Im Hause fehlt Alles das, was ich gern habe: ein hohes Zimmer, ein bequemer Lehn-

Das heutige Nietzschezimmer

stuhl, Licht ohne direkte Sonne und ebenso ohne Reflex-licht weißer Häuserwände: – ich habe von Allem was ich brauche, das extreme Gegenteil.« (26. 6. 1885)

Wenn Nietzsche dennoch einen Wechsel nicht in Betracht zog, so waren es der bescheidene Mietzins, die Annehmlichkeit des Einkaufens und die freundliche Aufnahme: »Die Leute sind so gut gegen mich und freuen sich meiner Wiederkehr, zumal die kleine Adrienne. Im Hause selber, wo ich wohne, kann ich englische Biskuits, Corned-beef, Thee, Seife und eigentlich alles Mögliche kaufen: das ist bequem.« (21. 6. 1883)

Der Hauswirt, Gian Rudolf Durisch (1848–1925) – er war viele Jahre Gemeindevertreter und von 1897–1906 Gemeindepräsident – und seine Ehefrau Maria waren fürsorgliche Hausleute. Von seinem inzwischen berühmt gewordenen Gast bewahrte Durisch ein lebendiges Bild. Allerdings hatte er schon bald Ärger mit der penetranten Erbin, Elisabeth Förster-Nietzsche, die behauptete, der Wirt habe achtlos Papiere ihres Bruders an nachfragende Verehrer verschenkt. Durisch schickte ihr das, was er finden konnte, Anfang der neunziger Jahre nach Naumburg, und die Schwester konnte sich 1895 persönlich überzeugen, daß keine Manuskripte von Nietzsche in Sils zurückgeblieben waren.

Oft wurde Durisch von Besuchern ausgefragt. Bereitwillig gab er Auskunft. Anschaulich hat Eugenie Galli (1849–nach 1917), eine vergessene Schriftstellerin, die 1899 Sils-Maria besuchte, ein solches Gespräch wiedergegeben: »Die Mercerie war vielleicht das geringste

Haus im ganzen stattlichen Sils. Ich fand den Krämer im Laden blauen Schleiertüll an zwei Engländerinnen verkaufend. Ich wartete, bis sie sich entfernt, dann erst sprach ich ihm von seinem früheren Einwohner. Der ältliche Krämer war von feinerer Art als der dicke Gastwirt. Er hatte das volle Verständnis dafür, sieben Jahre lang einen der seltensten Geister schaffend unter seinem Dache gehabt zu haben. Wie ich ihn nach Professor Nietzsche frug, antwortete er anfangs nur zögernd, als rühre er ungern mitten im Kleinkram seines Ladens an so weihevolle Erinnerungen. Dann bat er mich hinüber in seine schöne nach Arvenholz duftende, getäfelte Wohnstube, und dort wurde er mitteilsamer. ›Ja‹, sagte er, ›wer sollte ihn nicht geliebt haben! er war so gut, so rein und so viel zu bescheiden! Ich glaube nicht, daß er überhaupt einen Fehler hatte, außer den – zu großen Fleißes. Wie er die sieben Sommer bei uns gearbeitet, so darf, so kann kein Mensch arbeiten, ohne Schaden an seiner Gesundheit zu nehmen. Morgens stand er wer weiß wie früh auf. Von Tagesgrauen an schrieb er hinter verriegelten Thüren, damit ihn nur ja niemand störe. Um 11 Uhr kam er dort aus seinem Zimmerchen. Ja, nicht wahr, Sie finden es klein?! Freilich sieht es jetzt auch besonders wüst aus – wir haben es seither zur Rumpelkammer machen müssen ... Der Professor wollte ja nur alles ganz, ganz bescheiden; er wählte gerade dieses Zimmer, weil es so abgelegen und nur die paar Arvenbäume vor dem Fenster hatte. Er konnte nicht arbeiten, wo es hell und blendend war. Ein weiß getünchtes Haus gegenüber seinem Schreibplatz wäre ihm unerträglich gewesen. Sein Auge vertrug das Licht sehr schwer.

Um elf Uhr ging er dann spazieren, aß im Hotel Alpenrose, ging wieder etwas herum – am liebsten in's Fexthal gegen die Gletscher zu. Um 4 oder 5 ging er ins Zimmer zurück, schrieb bis Abends 11 Uhr, kochte sich Thee dabei, und arbeitete, und arbeitete! Viele Bücher sind gerade bei uns von ihm geschrieben. Er ließ seine Sachen über Winter bei uns und wenn er im Juni kam, sagte er: ›Wie froh bin ich! nun bin ich wieder zu Hause.‹ Er gehörte eben ganz zu uns. Wenn er oft so krank, so tagelang mit den rasenden Kopfschmerzen lag und sich beständig erbrach, dann saß ich manchmal bei ihm. Mit Engelsgeduld trug er Alles. Aber vom Arbeiten, was doch die Ursache von Allem, – wollte, konnte er nicht lassen. ›Ich habe jung freilich zuviel gethan‹, meinte er manchmal zu mir. ›Als Student habe ich die ganzen Nächte studiert, ich hatte immer einen Eimer kaltes Wasser unter dem Tisch; merkte ich, ich wollte einschlafen, stellte ich die Füße hin, da ward ich wieder frisch ...‹ Freilich war er dann mit 23 Jahren Professor, aber – so etwas rächt sich dann später. – Schriftliches hab' ich keine Zeile mehr, überhaupt nichts von ihm; die Schwester hat Alles zurückgeholt, auch jeden Brief an uns. Sie wohnte noch zwei Sommer bei uns allein, wie er schon krank war und nicht mitkommen konnte. Sie ist auch eine seltsam kluge Frau.

Die sieben Jahre vorher kam der Professor immer allein. Er war ungern unter Menschen, und nur die Gelehrten, die ihn hier aus aller Herren Länder aufsuchten, empfing er, hielt aber auch deren Gesellschaft nie lange hintereinan-

der aus. Ruhe, Einsamkeit, Arbeit, – sonst wollte er nichts. Das glaub' ich Ihnen, daß er sich höchstens einmal im Fremdenbuch eingeschrieben, er war so bescheiden, so für sich, fast möcht' ich sagen ängstlich, er fand das eine Mal, das er sich einschrieb, womöglich schon vordringlich, jedenfalls unnötig.‹ Darauf zeigte mir der Krämer Nietzsches Bild. Über den bekannten strengen Blick sagte er erklärend: ›Weil der Professor fast nichts sah, strengte er sich beim Photographieren an, einen Gegenstand zu fixieren, und so sieht das gütige, aber fast erloschene Auge plötzlich hart und gespannt unter dem gewölbten Stirnknochen hervor.‹ –
Es war rührend zu hören, welche tiefe, kindliche Verehrung der Mann für den Menschen Nietzsche hegte, nur den Menschen.«

Die Bewunderung, die aus den Worten des Hauswirts herauszuhören ist, werden auch andere Bewohner des Orts dem Gast aus Deutschland entgegengebracht haben, so der Arzt Dr. Anton Courtin, der Lehrer Gian Caviezel und der achtzigjährige Pastor Dominic Ritter, von denen noch berichtet werden wird.

Die Tochter des Ehepaars Durisch, »la petite Adrienne, die hübsch wird und nunmehr in die Schule geht« (29.7.1885), hatte Nietzsche ins Herz geschlossen. Nietzsches Mutter schickte ihm für das Kind Süßigkeiten: »Man behandelt mich recht artig, voran meine Hausleute, welche im Namen der kleinen Adrienne sich schönstens bedanken.« (22.7.1886)

Adrienne Durisch ist nur zwanzig Jahre alt geworden. Sie starb 1897. Von einer Schulfreundin, Madalena Bezzola-Barblan, wird überliefert, daß Nietzsche oft mit der kleinen Adrienne an der Hand im Dorf spazierenging und daß er deshalb bei den Kindern »Adriennes Professor« hieß (Klaus Oehler).

Zehn Jahre nach Nietzsches Tod wurde auf Veranlassung von Elisabeth Förster-Nietzsche eine Erinnerungstafel an dem Haus über der Tür angebracht, die noch heute aufbewahrt wird:

HIER SANN UND SCHAFFTE
FRIEDRICH NIETZSCHE
1881–1888

Adorno empfand diese Inschrift als »unsäglich philiströs«. Inzwischen wurde sie durch eine neue ersetzt, die lautet: »In diesem Hause wohnte Friedrich Nietzsche während schaffensreicher Sommermonate 1881–1888.«

Nietzsche. Foto von Gustav Schultze. 1882

Durisch verkaufte sein Anwesen an das benachbarte Hotel »Edelweiß«, das es über Jahrzehnte als Dépendance nutzte. Damals, 1909, gab es noch vor dem Haus »den kleinen Garten mit den Hekkenröschen, Geranien und Margeriten, die die Augen des Zarathustradichters so viele Jahre lang von Mai bis September in Sils-Maria hat blühen und welken sehen«. So jedenfalls liest man es in einem St.-Moritz-Roman von Matilda Serao *Es lebe das Leben* (1910).

Es dauerte noch Jahrzehnte, ehe das Haus zur Erinnerungsstätte hergerichtet wurde.

Als es Ende 1958 erneut verkauft und zu gewerblichen Zwecken umgestaltet werden sollte, entstand eine Initiative zur Rettung des Nietzschehauses. Dank großzügiger Spenden aus vielen Ländern entstand so die »Stiftung Nietzschehaus«, die das Gebäude erwarb, renovierte und anläßlich des 60. Todestages Nietzsches als Erinnerungsstätte am 25. August 1960 eröffnete.

Im Erdgeschoß kann der Besucher Dokumente aus dem Leben Nietzsches betrachten, im gegenüberliegenden Raum die wichtigste Nietzsche-Literatur erwerben; im hinteren Zimmer wurde Nietzsches Basler Professorenstube mit den originalen Möbeln rekonstruiert, auf den Fluren und Treppen wurden Zeugnisse über Nietzsche und Sils-Maria geschickt und eindrucksvoll präsentiert und schließlich im Obergeschoß die Stube mit Bett, Tisch mit Originaltischdecke und Stuhl, Schreibtisch und Waschgeschirr in der Schlichtheit der einstigen Möblierung eingerichtet. So kann sich der Besucher heute selbst ein Bild machen von dem Leben des »Einsiedlers von Sils-Maria«, der in dem kleinen Zimmer seine Gedanken über die Zukunft der Menschheit formulierte.

Im übrigen dient das Haus nicht nur als Gedenkstätte, sondern zugleich als Gästehaus für Wissenschaftler und Schriftsteller, Künstler und kulturell Interessierte, die in der wohnlichen Küche essen und miteinander ins Gespräch kommen. Eine Nietzsche-Bibliothek steht den Hausgästen zur Verfügung, seit 1980 werden im Herbst im Hotel »Waldhaus« Nietzsche-Kolloquien veranstaltet.

Blättert man die Besucherbücher der letzten 30 Jahre durch, so findet man viele bekannte Namen von Schriftstellern und Wissenschaftlern neben den zahllosen an Nietzsche Interessierten. So erfährt man, daß schon 1959 Pierre-Jean Jouve und John F. Kennedy, Ernst Simon und Peter Szondi im Hause waren, daß sich in den sechziger Jahren u. a. Hermann Hesse und Willy Haas, Alfred Kantorowicz und Werner Vortriedte, John Knittel und Fritz Hochwälder, Hilde Domin und Albrecht Goes, Rolf Hochhuth und Walter Nigg in das Gästebuch eintrugen und im nächsten Jahrzehnt neben vielen bekannten Persönlichkeiten Herbert Marcuse und Max Frisch, Elias Canetti und Eugène Ionesco, Hans Egon Holthusen und Urs Jaeggi das Haus besuchten.

Alle Besucher werden diesen einprägsamen Ort in Erinnerung behalten, wie z. B. Hermann Hesse, der 1960 einer der ersten Gäste war: »Dieser Tage war ich im Nietzschehaus, das seit kurzem, sehr im Verkommen begriffen, von einer Stiftung übernommen und hergerichtet worden ist. Da sind im schönen Haupt-

Eröffnung des Nietzschehauses 1960: Pierre-Jean Jouve im Gespräch mit Martin Bodmer

raum des Hauses nun Bilder, Bücher, faksimilierte Handschriften Nietzsches ausgestellt. Doch hat er diesen Raum nie bewohnt. Sein Zimmerchen, klein, finster, ohne Aussicht, ist ärmlich wie etwa eine Knechtskammer.« Und Nietzsche? Hat er erwartet, daß man eines Tages die bescheidene »Höhle« seinem bleibenden Andenken widmen würde? Nach der Zerstörung eines seiner Domizile in Nizza durch das Erdbeben im März 1887 schrieb er amüsiert, daß dies »den Vorteil für die Nachwelt [habe], daß sie eine Wallfahrtsstätte weniger zu besuchen« hätte (ca. 4. 3. 1887).

Wir verlassen das Nietzschehaus, gehen nach rechts und stehen vor einem hohen Gebäude.

❷ Hotel »Edelweiß«

Das 1875 gebaute Hotel hat heute nicht mehr die äußere Gestalt wie zu Nietzsches Zeiten. Damals war es ein kastenförmiger, in der Fassade gegliederter Neubau. Der Ausbau von 1901–1904 schloß die Lücke zwischen Hotel und Nietzschehaus. Dieser Südflügel, in dem der Speisesaal war, wurde 1978 abgerissen und durch ein Appartementhaus ersetzt. Auch die Hauptfassade hat längst, wie bei den meisten Silser Häusern, ihr ursprüngliches Aussehen verloren.

Der Besitzer und Erbauer, Paul Zuan (1824–1902), war zweimal verheiratet. Er hatte zehn Kinder, von denen einige früh starben. Einer der beiden Söhne aus erster Ehe mit Anna Brüsch – Giovanni

Hotel »Edelweiß« zur Zeit Nietzsches

Zuan (1853–1885) oder Giachem Zuan (1855–1906) – war jener »ernste und liebenswürdige Schweizer« gewesen, der Nietzsche im Juli 1881 das billige Quartier im Nachbarhaus besorgt hatte: »Der junge Mann kam aus Neapel, um sein Hôtel im Sommer zu führen, bei ihm esse ich zu Mittag (allein, wie natürlich).« (7. 7. 1881)

Nietzsche lebte wegen seiner Arbeit asketisch, wie er es der Mutter schilderte: »Mit meiner Nahrung bin ich sehr zufrieden: Mittag (1/2 12) jedes Mal ein Fleisch, mit Maccaroni, Morgens (1/2 7) ein rohes Eidotter, Thee und Aniszwieback (ländlich-kräftig), Abends (1/2 7) 2 rohe Eidotter, ein Stück Polenta (wie sie alle Hirten und Bauern essen), Thee (zweiter Aufguß) und Aniszwieback. In Genua lebe ich noch viel ›volksthümlicher‹, gleich den dortigen Arbeitern. Alle Morgen um 5 kalte Gesammtabwaschung, täglich 5–7 Stunden Bewegung. Von 7–9 Abends still im Dunklen sitzen (so auch in Genua, wo ich ohne Ausnahme jeden Abend von 6 an zu Hause war: nie Theater, Concert u. s. w.) Ihr könnt Euch nicht denken, wie sparsam, ja geizig ich mit meinen geistigen Kräften und meiner Zeit umzugehen habe, damit ein so leidendes und unvollkommenes Wesen doch noch reife Früchte trage: nehmt mir in Hinsicht auf diese schwere Art zu leben nichts übel, ich muß gegen mich selber täglich, stündlich hart sein.« (24. 8. 1881)

Auch im Sommer 1883 nahm er im benachbarten Hotel sein Mittagessen ein: »Im Hôtel Edelweiß, einem ganz vorzüglichen Gasthofe, esse ich: allein natürlich, und zu einem Preise, der nicht gänzlich im Mißverhältniß zu meinen kleinen Mitteln steht. Ich habe einen großen Korb Bücher mit herauf gebracht: und auf drei Monate ist es wieder abgesehn. Hier wohnen meine Musen: schon im ›Wanderer und sein Schatten‹ habe ich gesagt, diese Gegend sei mir ›blutsverwandt, ja noch mehr‹ –« (An Carl von Gersdorff, Ende Juni 1883)

Als erster Gast trug er sich 1883 in das Gästebuch des Hotels ein: »Juni. Dr. Nietzsche Professor Genua.« Wenige Seiten vorher steht der Eintrag: »5. August 1880. Mad. Louise Salomé nebst Tochter, St. Petersburg.« Lou Salomé (1861–1937), die von Nietzsche und Paul Rée geliebte junge Russin, hatte schon im August 1880 mit ihrer Mutter an dem Ort Ferien gemacht, den Nietzsche für sich ein Jahr später entdeckte, und wiederum ein Jahr, bevor er ihr im Frühjahr 1882 in Rom begegnete. Bekanntlich war Nietzsche von der schönen und klugen, Philosophie studierenden und Gedichte schreibenden 22jährigen Lou so fasziniert, daß er ihr überstürzt einen Heiratsantrag machte. Auch wenn dieser zurückgewiesen wurde, schloß man eine schicksalhafte, nach einem Jahr zur Trennung führende Freundschaft. Aber welche Gefühle mögen Nietzsche bewegt haben, als er den Sommer 1883 an der gleichen Hoteltafel verbrachte?

Elf Jahre später, 1894, erschien Lou Andreas-Salomés Buch *Friedrich Nietzsche in seinen Werken.* Sie setzte ihm aus persönlicher geistiger Nähe ein einfühlendes Denkmal. Nur eine kurze Passage fügen wir ein: »In Gesängen klingt sein Geist aus. Die Verse sind überraschend verschieden an Werth, zum Theil vollendet: Gedanken, die an ihrer eigenen Schönheit und Fülle sich zu Gedichten wandelten; – zum Theil von einer so wunderlichen Unvollkommenheit, wie sie nur die Laune des Muthwillens vom Zaune bricht. Ueber ihnen allen aber ruht etwas seltsam Ergreifendes: Sind es doch Blumen, die sich ein Einsamer auf den Leidensweg streut, der seiner harrt, um den Schein zu erwecken, daß es ein Freudenweg sei. Frisch gebrochenen Rosen gleichen sie, auf die sein Fuß treten will, während er schon beschäftigt ist, in seinen leidvollsten Erkenntnissen seinem Haupte die Dornenkrone zu flechten. Sie klingen wie ein Präludium zu dem erschütternden Schauspiel seiner höchsten Erhebung und seines Unterganges.«

Später wohnten viele seiner Verehrer und Bewunderer im Hotel »Edelweiß«,

Lou Salomé, Paul Rée, Friedrich Nietzsche. Luzern 1882

Sils-Maria.

Hotel Edelweiss.

Paul Zuan, Propr.

Herr Prof. Dr. Niezsche, Genua.
Sigr. C. Chérif, Süd-America.
Mr. C. Westendarp, London.
Miss Lily Westendarp, London.
Herr Amadeo Berner mit Familie etc., 11 Pers., Neapel.
Herr Christian Jay u. Familie, 6 Pers., Leipzig.
Frl. Louise Becker, England.
Frl. Agnes J. Morison, Scotland.
Mr. Ed & Mrs. Medley, England.
Mr. Medley, England.
Herr J. Escher-Kündig m. Frau Gem., Zürich.
Mr. Adolf Huber avec famille, 3 pers., Paris.
Mad. Isambert avec famille, 3 pers., Paris.
Miss Mercier, Genève.
Herr und Frau Giulini, Deutschland.
Mr. le Comte de Tinseau avec des amis, 4 pers. Paris.
Herr Landgerichts-Präsident Lang mit Familie, 3 Pers. Hanau.
Herr Lujs Bernus, stud. jur., Frankfurt a. M.

Gästeliste. 1883

z.B. 1901 der Schriftsteller Heinrich Hart (1855–1906), in dessen »Neuer Gemeinschaft« in Berlin Nietzsches Lebensphilosophie im Zentrum stand, 1904 der Schweizer Schriftsteller Josef Victor Widmann (1842–1911), der 1886 im *Bund* u.d.T. *Nietzsches gefährliches Buch* einen der frühen Artikel über Nietzsche, eine Rezension über *Jenseits von Gut und Böse* verfaßte. Nietzsche schrieb damals dazu:
»Vorigen Sommer haben Sie mich in keinen kleinen Schrecken versetzt: Ich fand eines Tages hierselbst im Café die vortrefflichen Einwohner von Sils über ihren regelmäßigen Sommergast stutzig und nachdenklich geworden, – sie hatten allesammt den Bund gelesen. ›Wie! dieser anscheinend so harmlose Einsiedler und Höhlenbär ist also im Grunde etwas ganz Gefährliches?‹ – Das las ich in Aller Augen. Ich selbst, nachdem auch ich den Bund gelesen, hatte freilich einen andren Eindruck: nämlich als ob ich über mich etwas sehr Liebenswürdiges und Wohlwollendes gelesen hätte.« (28.6.1887)
Der junge Karl Jaspers (1883–1969), cand. med. aus Heidelberg, verbrachte 1906 zwei Ferienwochen im »Edelweiß«: Er schrieb später eines der großen Werke über Nietzsches Philosophie. Auch Alfred Mombert (1872–1942), der Dichter der *Musik der Welt*, der in seinen Gedichten und Epen stark von Nietzsche beeinflußt wurde, verlebte 1910 sieben Wochen mit seiner Mutter in Nietzsches benachbartem Hotel. Zwei Jahre später wohnte dessen Verleger Anton Kippenberg (1874–1950) mit seiner Frau im »Edelweiß«.
Auch der zu Unrecht vergessene Schriftsteller Arthur Holitscher (1869–1941) übernachtete 1909 und 1913 im Hotel. In einem seiner Reisebücher hat er die Abreise von Sils-Maria ins Bergell dargestellt: »... unten vor dem Haus steht schon der Wagen mit dem Koffer hinten draufgeschnallt. Wir haben's grau in grau getroffen. Aus dem Morgennebel streckt Sils seine dünne schwarze Landzunge lang durch den Silser See gegen Maloja aus ... Hinten zwischen Corvatsch und Margna, den beiden Riesen, verhüllen sich die Gletscherbrüder Fex und Fedoz im Morgennebel, Dunstgewölk. Aber wie wir die Chaussee entlang fahren, blitzt es wie ein Lächeln

über Fex auf: das ist die Sonne, sieh, sieh hin ... Auf der Chaussee ist schon Leben – aber es wäre übertrieben zu sagen, daß es von Touristen nur so wimmelt. Fünf frische Kerle in Kniehosen, ohne Hut und mit von der Bergsonne geschundenen Gesichtern marschieren schwerbepackt in unserer Richtung nach Maloja zu. Mäntel, Rucksäcke, Kochtöpfe, aber was das netteste ist: wir zählen beim Vorüberfahren drei Gitarren – das ist genug für eine Gesellschaft von fünf! ... Neuschnee auf allen Bergen; drunten im Bergell aber ist's hell, wie Sonne kommt's schräg von dort unten herauf. Sonne, Wärme, Italien weht uns entgegen über die Zickzackwege, die uns vom Engadin hinabgleiten lassen in das Land des Hochsommers. Immer steiler, höher stehen die Berge auf um unseren Wagen, der den abschüssigen Weg hinunterrollt. Noch eine Brust voll, rasch, von der herrlichen Luft der Silser Höhe, noch einmal den Wind von Maloja sich zwischen Hemd und Haut durchfahren lassen! Wundervolle Kühle! Leichte, göttlich tanzende Luft des Hochgebirges!«

Nietzsche reiste viermal auf diesem Weg in den Süden – mit dem Postwagen über den Malojapaß ins Bergell bis Chiavenna, dann mit der Zweigbahn bis Colico, anschließend mit dem Dampfboot bis Como und von dort mit der Eisenbahn nach Genua oder Venedig oder schließlich im Herbst 1888 nach Turin.

Die Dorfstraße weitergehend, kommen wir an dem Hotel »Post« vorbei. Es gehörte vor dem Umbau ebenfalls Paul Zuan und seiner Familie.

Zwei Postautos – Car alpin Saurer – am Silsersee. Um 1925

Der junge Andrea Robbi. 1882/83

❸ Andrea Robbis Haus

Das Nachbarhaus, vor dem wir nun stehenbleiben – es hat eine ähnliche Grundform wie das Nietzschehaus –, bewohnte viele Jahrzehnte bis zu seinem Tod ein unglücklicher Mann: der Maler Andrea Robbi (1864–1945). Nach seinem Studium an ausländischen Akademien kehrte der 34jährige in das elterliche Haus zurück. Sein Vater starb im gleichen Jahr, neun Jahre später die Mutter. Robbi blieb allein zurück, er hatte 1898 sein letztes Bild gemalt und war dann kaum noch ansprechbar. Man sagt, er sei an der Unfähigkeit, sein Selbstporträt zu schaffen, zerbrochen.
Erst seit zehn Jahren haben Kunsthistoriker in St. Moritz diesen rätselhaften Maler als Künstler des Oberengadin wiederentdeckt. Er war ein Freund von Giovanni Giacometti, dem sein malerisches Werk nahesteht. Seine Landschaftsbilder und Porträts Engadiner Menschen – es sind nur noch 36 Ölbilder und einige Aquarelle, Zeichnungen und Skizzen überliefert – sind Ausdruck künstlerischen Sehens vor der Jahrhundertwende auf dem Weg zur Moderne.
Wir verlassen die Straße und gehen am Ende von Robbis Haus nach rechts, vorbei an einigen Häusern, wenden uns nach links und sehen gegenüber der auf der Höhe stehenden neuen katholischen Kirche ein gegen den Berghang gelehntes, renoviertes Haus mit einem dem Spaziergänger zugewandten Holzbalkon.

❹ Die Alte Mühle

Im Rätoromanischen heißt sie »Mulign vegl« und stammt aus dem Jahre 1853. Der sinnige Spruch an der Hauswand von Viktor von Scheffel – »Still liegen und einsam sich sonnen ist auch eine tapfere Kunst« – läßt kaum darauf schließen, daß dieses Haus einer der wagemutigsten Gäste Sils-Marias 1907 erworben hatte: der Chemiker Theodor Curtius (1857–1928), Schüler Robert Bunsens und seit 1898 sein Nachfolger in Heidelberg. Er kam im August 1883 zum erstenmal nach Sils-Maria, hatte im Jahr zuvor in Leipzig promoviert, wohnte in der »Alpenrose« und lernte auch Nietzsche kennen, mit dem er sich über Musik unterhielt: Curtius hatte zunächst Musikgeschichte studiert. Aber er begleitete nicht, wie andere Gäste des Hotels, Nietzsche auf seinen Spaziergängen, sondern widmete sich als gut trainierter Sportler dem Bergsteigen.

Theodor Curtius kam jedes Jahr nach Sils-Maria und machte mit dem später berühmt gewordenen Bergführer Christian Klucker weite und schwierige Bergtouren. Man freundete sich an, und so entschloß sich der wohlhabende Professor, die Alte Mühle zu kaufen und herzurichten. Die Höhenwelt, die Nietzsche im *Zarathustra* schildert, hat Curtius im *Jahrbuch des Schweizer Alpen-Club* schon 1884 so beschrieben: »Daß der Zufall mir gerade Sils-Maria zum Standquartier angewiesen hat, habe ich niemals bereut. Ich verkenne die unvergleichlich schönere Lage von Pontresina gewiß nicht. Jedesmal aber, wenn ich von den Bergen durch die Täler von Morteratsch oder Rosegg nach diesem überfüllten und geräuschvollen ›Paradies der Berg- und Nichtbergsteiger‹ hinunter gewandert bin, von wo aus die Mode und die Kultur der Städte mit ihrem breiten Gefolge ihre Füllhörner bis auf Gletscher und Klubhütten ausstreckt, war ich froh, wieder in mein bescheidenes, aber heimeliges Sils, in die freundliche, gastliche ›Alpenrose‹ zu kommen. Daß aber den behutsamen Wanderer wie den passionierten Bergsteiger von Sils aus eine Fülle der großartigsten, herrlichsten und genußreichsten Hochgebirgsexpeditionen erwarten, ist

Die alte Mühle. Ölbild von Andrea Robbi. Um 1890

Theodor Curtius auf dem Balkon seines Hauses in Sils-Maria. Um 1920

bis heute noch viel zu wenig bekannt geworden. Wie wenige der zahllosen Touristen, welche in den letzten Jahren das Engadin durchzogen, haben einen Blick auf die unvergleichlichen Südabstürze der Berninagruppe getan, trotzdem derselbe so leicht über die Fuorcla Fex-Scerscen zu gewinnen ist! Wie wenige aber haben erst ihre Wanderungen bis in die Bergeller Berge ausgedehnt, in dieses so spärlich bekannte Gebiet, das an reizvoller Mannigfaltigkeit seines Gleichen sucht!«

Bis 1920 kam Curtius – abgesehen von den Kriegszeiten – Jahr für Jahr nach Sils-Maria und machte seine Bergtouren. Acht Jahre später starb der hochgeschätzte Heidelberger Gelehrte. Die Alte Mühle wurde danach für einige Jahrzehnte von der Verlegerfamilie Brockhaus bewohnt, die auch zu den Liebhabern Sils-Marias gehörte.

Nach der Alten Mühle führen heute links Stufen auf den Weg um die Crastas da Mulins, »einer kleinen Anhöhe oberhalb des Dorfes mit schönem Ausblick auf dieses ... Der Fußweg, der rings herumführt«, endet an der Säge: »auf schattigem Weg durch prachtvollen Arven- und Lärchenwald und reizenden Ausblicken auf den Silvaplaner See und das umliegende Gebirge«, heißt es in dem Sils-Führer von 1920.

❺ An der Säge (Resgia)

Das alte Sägewerk am Waldrand hinter der Furtschellas-Talstation, das heute noch ein Sägeplatz ist, war auch für Nietzsche ein beliebtes Wanderziel. Meta von Salis, die im August 1888 den von ihr verehrten Philosophen zum drittenmal in Sils-Maria besuchte, erzählt von ihren letzten Spaziergängen mit ihm: »Die drei, welche Nietzsche mit mir machte, hatten zufällig immer die Sägemühle zum Ziel. Auf dem zweiten – es war in dem stark von Harz und Kräutern duftenden Hügelwald vor der Einsenkung – trafen wir plötzlich auf alle meine näheren Bekannten aus der ›Alpenrose‹, lauter in helle Kleider geschlüpfte junge, lebensfrohe Mädchen. Der Contrast zwischen ihrer sorglosen Liebenswürdigkeit und dem bedeutungsschweren Gegenstand, den der Denker eben erörterte, hätte nicht größer sein können; Dostojewski's Idiot und die Gestalt Jesu nach den vier Evangelien!«
Nietzsche pflegte »von der Säge weg durch den schönen Wiesenweg wieder nach Sils-Maria zurück« zu gehen (Sils-Führer von 1920), d. h. auf dem Weg, der heute zur Furtschellas-Bahn führt. *Wir dagegen kehren an der ehemaligen Säge um, gehen durch den Wald bis zur Kreuzung zurück und wählen nun den Weg, der »durch schönen Wald in leichter Steigung« zur Alp Prasüra hinaufführt.*

❻ Auf der Alp Prasüra

Auf der auch heute noch bewirtschafteten Alp, von einer Wiese umgeben, verweilen wir und genießen die verzaubernde Natur des Hochgebirges in ihrer

Die alte Säge (Resgia)

kargen Großartigkeit, wie sie der Jesuitenpater Peter Lippert (1879–1936) in seinem Andachtsbuch *Aus dem Engadin* (1929) beschrieben hat:
»Prasüra, ›Weide am Mittag‹, heißt das. Der Name ist so schön wie die Alp selbst. Die langgestreckten grauen Steingebäude liegen inmitten weiter Matten, ein starker Bergbach von wunderbarer Klarheit und Kühle rauscht herunter, schickt kleine Rinnsale, in Stein gefaßt, durch die Milchgewölbe, wo es kühl und dämmerig ist, ringsum stehen ernst und schweigend die Wälder und über allem erheben sich die leuchtenden Zinnen des Corvatsch; wenn die Alp noch nicht eröffnet ist, herrscht dort eine etwas wehmütige, sehnsüchtige Stille. Aber vom Juli an sind die Sommerabende dort oben traumselig schön. Das Vieh steht in den Ställen, man hört im Vorbeigehen ein leises Klingeln und ein fernes Muhen, der Senne spült einen kupfernen Kessel in dem Bach und der Gletscher droben glüht in einem purpurnen Licht, das überhaupt nicht mehr von dieser Erde ist.«

❼ Auf dem Waldweg

Wir folgen dem Wegweiser nach Sils-Maria und stellen uns vor, daß auch Adorno hier einmal gewandert ist: »Mit sichtlichem Behagen marschieren in den Bergen die Kühe auf den breiten Wegen, welche die Menschen angelegt haben, ohne viel Rücksicht auf diese. Modell dafür, wie die Zivilisation, die Natur unterdrückte, der unterdrückten beistehen könnte.«

Alp Prasüra

In weiten Schleifen führt nun der Pfad abwärts. Der Blick auf das Dorf, den See und das Hotel »Waldhaus« kehrt in der folgenden Passage des Adorno-Textes wieder: »Aus der Höhe nehmen die Dörfer sich aus, als wären sie von oben mit leichten Fingern hingesetzt, beweglich und ohne Fundament. So gleichen sie dem Spielzeug, mit dem Glücksversprechen der Riesenphantasie: Man könnte mit ihnen machen, was man will. Unser Hotel aber, in seinen unmäßigen Dimensionen, ist einer von den winzigen mit Zinnen gekrönten Bauten, die in der Kindheit die Tunnels zierten, durch welche die Zimmereisenbahn hindurchbrauste. Nun betritt man sie endlich und weiß, was darin ist.«
Wir haben den Pfad gefunden, der gerade hinter dem Nietzschehaus endet – oder, wenn man zur Marmoré hinaufsteigt, anfängt.

Der Adler vor dem Nietzschehaus. Bronze von Hermann Hubacher

❽ Der Adler von Marmoré

Vor dem Nietzschehaus steht auf einem Steinquader die Bronzeplastik eines stolzen Adlers. Es ist das Werk des Schweizer Bildhauers Hermann Hubacher und wurde von dem Schweizer Sammler Martin Bodmer (1899–1971), dem Gründer der Bibliotheca Bodmeriana in Cologny, gestiftet.
Adler und Schlange waren Symbole für Nietzsche. Im *Zarathustra* heißt es: »Und siehe! Ein Adler zog in weiten Kreisen durch die Luft, und an ihm hieng eine Schlange, nicht einer Beute gleich, sondern einer Freundin: denn sie hielt sich um seinen Hals geringelt ... Das stolzeste Tier unter der Sonne und das klügste Tier unter der Sonne ...« Ein Adler vor Nietzsches Haus: Das Symbolhafte beeindruckt den Betrachter, der darin eine würdige Huldigung an Nietzsche erkennt.

❾ Das Wetterhäuschen

An der Straße gegenüber dem Nietzschehaus steht eine alte Wetterstation aus dem Jahre 1910, deren Instrumente in dem altmodischen Gehäuse das Wetter voraussagen sollen. Das frühe technische Bauwerk, das heute Seltenheitswert besitzt, trägt eine kaum noch zu entziffernde Inschrift an dem granitenen Sockel: Theodor Curtius. Der Chemieprofessor, der in der Alten Mühle Wohnung bezogen hatte, stiftete die Wetterstation, so wie er schon früher die Fornohütte auf eigene Kosten hoch in den Bergen »in uneigennütziger Weise« hatte bauen lassen.

⑩ Haus Curtin

Neben dem Nietzschehaus steht ein herrschaftliches, langgestrecktes Privathaus, im frühen 19. Jahrhundert erbaut, das sich durch einen blühenden Garten und einen verwunschenen Pavillon auszeichnet. Hier wohnte der Arzt Dr. Anton Courtin (1833–1891), der in Würzburg und München, in Wien und Paris studiert hatte und seit 1859 in Sils-Maria praktizierte. Er war ein gebildeter Mann, Förderer der Schule und Vorsitzender des 1884 gegründeten Verschönerungsvereins. Nietzsche, mit dem Nachbarn bekannt, schickte ihm – begeistert über das Anlegen der Spazierwege und das Aufstellen von Bänken – im Dezember 1885 eine Spende: »Pres. Sign. Dr. Courtin dal Professor Nietschke, Nizza. 10 Franken«, heißt es im Kassenbuch.

Allerdings konsultierte Nietzsche Dr. Courtin offenkundig nicht, sondern versuchte bekanntlich, sich selbst zu kurieren, beispielsweise mit Hilfe medizinischer Werke. So entlieh er aus der Bibliothek in Chur im Mai 1887 u. a. ein Werk von J. M. Ludwig, *Das Oberengadin in seinem Einfluß auf Gesundheit und Leben* (Stuttgart 1877).

In diesem Haus waren die Fensterläden lange Zeit geschlossen. Das regte den Schriftsteller Jürg Amann (geb. 1947), der immer wieder im Nietzschehaus wohnt, zu einer Geschichte an, die man in seiner *Baumschule. Berichte aus dem Réduit* (1982) nachlesen kann. Darin heißt es: »Tatsache war, eines Tages waren die Fensterläden des genannten Hauses, die seit Menschen- oder zumindest Silsermenschengedenken geschlossen gewesen waren, geöffnet. In dem verwunschenen Garten dahinter, zwischen den vielfarbenen Blumenkerzen, mannshohen Lupinen, wie man ja jetzt genau abmessen und so einmal der wirklichen Pracht dieses eingefriedeten Stücks Paradies ganz gerecht werden konnte, hatte der Maler, der ganz in Weiß gekleidet war, und dies etwa nicht nur zufällig an einem Tag, sondern während des ganzen Sommers, seine Staffelei aufgebaut, genauer gesagt, seine vielen Staffeleien, zwischen denen er stundenlang auf und ab und mitten in den Blumen hin und her gehen konnte; im kleinen, offenen Pavillon mit dem neckischen Spitzdach saß der ebenso ausdauernd schwarzgekleidete Schriftsteller über oder wenigstens bei seinen Papieren …«

Nur wenige Schritte führen uns zur Chesa Cumünela, zum Ausgangspunkt unserer Spaziergänge, zurück.

Chasté mit Blick auf Piz Margna. Um 1930

Zweiter Spaziergang
Chasté und »Waldhaus«

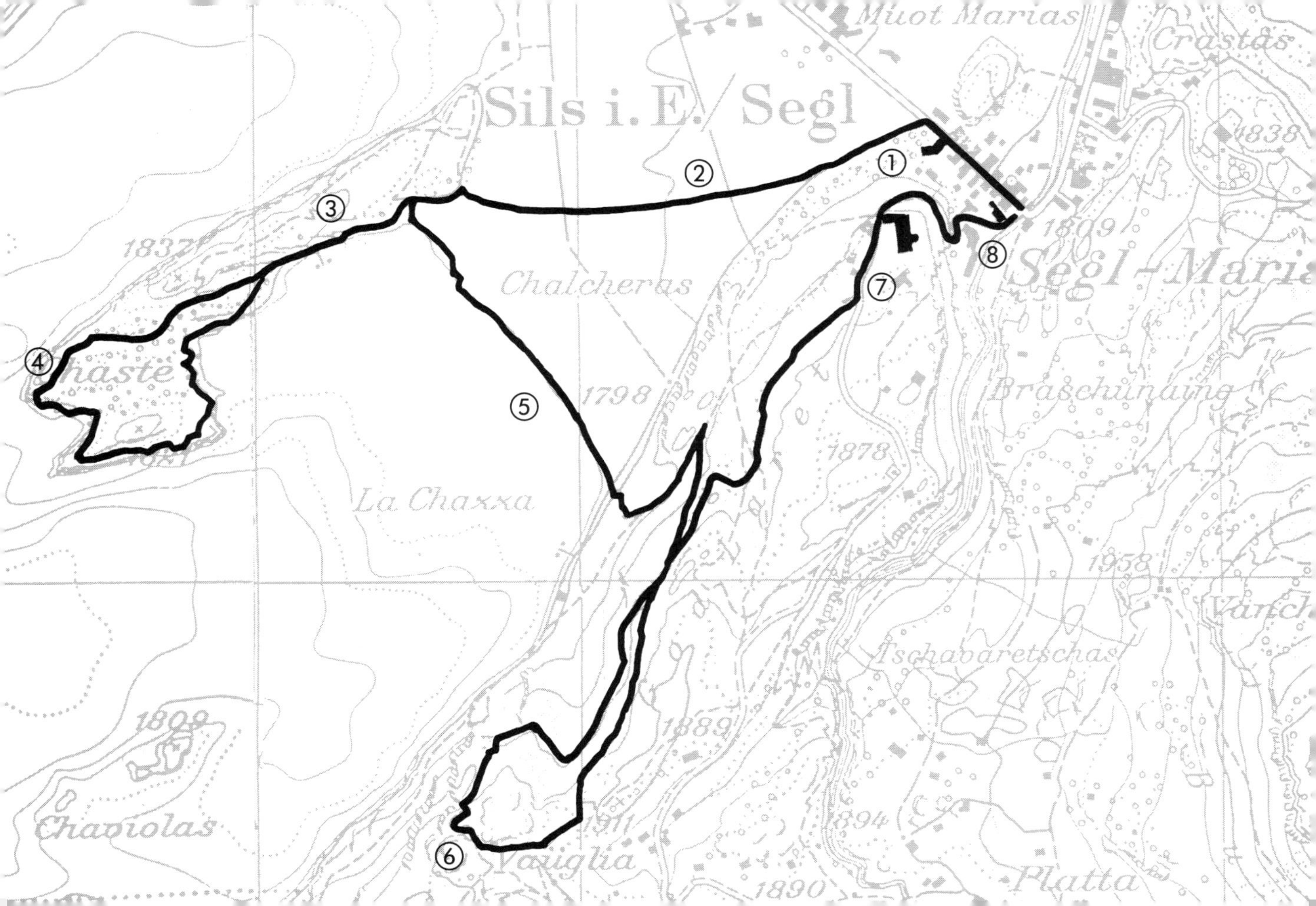

Muot Marias
Crastas
Sils i. E. / Segl
1838
①
②
③
1837
④
Chalcheras
⑤
1798
⑦
⑧
1809
Segl - Maria
Braschunaing
1878
La Chaxxa
1958
Tschabaretschas
1809
1889
Chaviolas
1894
⑥
Vauglia
1890
Platta

Der zweite Spaziergang – wiederum beginnen wir an der Chesa Cumünela – gilt dem Lieblingsort Nietzsches, der Halbinsel Chasté, die er wie viele nach ihm immer gern als eines der ersten Ausflugsziele aufsuchte.

Wir gehen zunächst in Richtung Sils-Baselgia und kommen nach hundert Metern zu einem großen leerstehenden Gebäude, das allmählich verfällt.

❶ Hotel »Alpenrose«

Das Haus war zu Nietzsches Zeit das erste Hotel am Platze. Es wurde um 1840 als Wohnhaus gebaut, 1862 von Christian Nadig als Hotel eröffnet und 1874 um einen Anbau erweitert. Das Vorderhaus und der größere Anbau des viergeschossigen Gebäudes mit einem flachen Dach wurden durch einen höheren Mittelturm verbunden. Das Hotel, das am Eingang von Sils-Maria liegt, wenn man von Sils-Baselgia kommt, war seit 1880 ein beliebter Aufenthaltsort für die Sommergäste, vor allem aus der Schweiz, Deutschland und England.

Der gute Ruf des Hotels im Engadin war Ludwig G. Barblan (1846–1903) zu verdanken, der den Betrieb 1879 übernommen hatte und mit seiner Frau und seinen Kindern – zwei Söhnen und vier Töchtern – hervorragend führte. Barblan, der mit 57 Jahren starb, war ein erfolgreicher und allgemein angesehener Hotelier.

Nietzsche trug sich 1884 in das Gästebuch ein: Seither aß er hier Sommer für Sommer zu Mittag, in den ersten drei Jahren in sicherlich durchaus gelockerter Runde der Hotelgäste: »Ich esse diesen Sommer nicht allein zu Mittag, wie früher, vielmehr in Gesellschaft; meine jetzige Tischnachbarin, an der ich meine Freude habe, ist eine alte Russin (Hofdame der Kaiserin), eine veritable Schülerin Chopin's. Mehrere Wochen waren Thurneysen-Merians in meiner Nähe. Auch Sidney v. Wöhrmann hat mich besucht. Auch giebt es einen neuen ›Verehrer‹, einen preußischen Beamten, aus dem Bismarck'schen Dunstkreis, angestellt im Patent-Amte.« (18. 8. 1884)

Als die alte Russin Anfang September abreiste, schrieb Nietzsche an Peter Gast: »Heute verläßt mich meine beste Sommer-Bekanntschaft, meine Tisch-Nachbarin Frl. von Mansuroff, dame d'honneur der russischen Kaiserin – ach, wir hatten uns so Viel zu erzählen, es ist ein Jammer, daß sie fortgeht! Denken Sie doch, eine veritable Schülerin Chopins, und voller Liebe und Bewunderung für diesen ›ebenso stolzen wie bescheidenen‹ Menschen! – – –« Er versäumt es nicht anzufügen: »Sils-Maria ist allerersten Ranges, als Landschaft – und nunmehr auch, wie man mir sagte, durch den ›Einsiedler von Sils-Maria‹ – –« (2. 9. 1884)

Die Russin, Zina Fürstin von Mansuroff (1830–1889), wurde im folgenden Jahr von ihrem Kontrapunktlehrer Adolf Ruthardt (1849–1934) aus Genf begleitet. Der Musiker hat später anschaulich das gesellige Ferienleben geschildert, in das der Philosoph einbezogen wurde: »Die äußere Erscheinung Nietzsches machte einen höchst sympathischen Eindruck. Über Mittelgröße, schlank, wohlgestalt, aufrechter aber nicht steifer Haltung, die Gebärden harmonisch, ruhig und sparsam, das fast schwarze Haar, der dichte Vercintorix-Schnurrbart, sein heller, dagegen lebhaft abstechender Anzug besten Schnittes und Sitzes, ließ ihn so wenig dem Typus eines deutschen Gelehrten gleichen, daß er eher an den eines südfranzösischen Edelmannes oder eines italienischen oder spanischen höheren Offiziers in Zivil erinnerte. Aus seinen edlen, von vielem Aufenthalt in freier Luft und Sonne gesund gebräunten Gesichtszügen und seinen großen dunklen Augen sprachen zwar tiefer Ernst, aber keineswegs der finstere, kantige, dämonische Ausdruck, der ihm auf Bildern und Büsten angedichtet worden ist. Nach dem Austausch einiger Höflichkeitsphrasen geleitete er uns, ritterlich bemüht, Fräulein von Mansuroff zu unterhalten, bis an die Schwelle der ›Alpenrose‹, dem Hotel, das wir bewohnten. Schon hatte er sich, mir die Hand reichend, aufs artigste verabschiedet, als ihn Fräulein von Mansuroff mit den Worten zurückhielt: ›Sie sind freundlichst eingeladen, lieber Herr Professor, uns heute abend hier in Nr. 4, erstes Zimmer links zu ebener Erde, das ich als Musikzimmer für mich belegt und mit einem guten von Chur heraufgeschafften Klavier versehen habe, mit Ihrem Besuche zu beehren. Herr Ruthardt wird uns Bach, Chopin, Schumann vorspielen, et nous serons un petit comité.‹ Nicht ohne eine gewisse Verlegenheit und mit fast leidender Miene fuhr sich Nietzsche über die prachtvoll gewölbte Stirne, indem er klagte: ›Ach Musik! ... Musik tut meinem Zustande nicht gut!‹ – Das schien mir eine deutliche Absage, wofür ich aber volles Verständnis hatte; denn wer leidet am meisten unter der Aufdringlichkeit der Musik? Ist es nicht der Tonkünstler? Fräulein von Mansuroff raunte mir darauf zu: ›Er bildet sich's nur ein, krank zu sein.‹

An dem betreffenden Abend hatte ich eben mit dem Präludium der Bachschen Orgelfuge in A-moll, von Liszt übertragen, begonnen, als ganz wider Erwarten Nietzsche doch erschien und aufmerksam zuhörte. Ich spielte des weiteren das kleine Nocturne in Fis-dur von Chopin und zuletzt die ›Kreisleriana‹ von Schumann. Zwischen den Musikstükken entwickelten sich interessante Gespräche, wobei ich Fräulein von Mansuroffs Erinnerungen an Chopin gierig einsog und Nietzsches treffende Bemerkungen bewunderte. Über die ›Kreisleriana‹ schwieg er sich allerdings ganz aus und ließ der Begeisterung jener Dame freien Lauf ...«

Die russische Fürstin Mansuroff war schon 1884 mit ihrer englischen Freundin Emily Fynn und deren Tochter nach Sils-Maria gekommen. Nietzsche aber lernte beide erst im folgenden Jahr näher kennen und schätzen: »Meine Gesellschaft vom vorigen Sommer ist auch wieder da, und mir zugethaner als je, die beiden Engländerinnen, welche mir den Genuß distinguierter Lebensformen geben, und die alte russische Hofdame.« (2. 7. 1885) Der einsame Nietzsche war dankbar für den Umgang mit dem »englisch-russischen Trio«, das auch den Sommer 1886 wieder in der »Alpenrose« in der Nähe Nietzsches verbrachte. Da er den englischen Damen empfohlen hatte, seine Bücher nicht zu lesen, erweist sich der charmante Briefwechsel zwischen Nietzsche und Emily Fynn als ungezwungenes, ja oft heiteres Zeugnis einer Silser Ferienbekanntschaft.

Hotel »Alpenrose« zur Zeit Nietzsches

Im Sommer 1886 hatte Nietzsche auch eine andere Engländerin in der »Alpenrose« zur Tischnachbarin: Miss Helen Zimmern (1846–1934), »ein sehr gescheutes Litteratur-Weibchen aus London ... welche das Verdienst hat, Schopenhauern in England eingeführt zu haben« (22.7.1886). Sie war eine aus Hamburg stammende Jüdin, die, in London aufgewachsen, die ersten englischen Biographien über Schopenhauer und Lessing verfaßte. Die Schriftstellerin, die seit 1886 in Florenz lebte, übersetzte später vor dem Hintergrund ihrer Bekanntschaft mit Nietzsche in Sils-Maria Werke von ihm ins Englische.

Die Frauen um Nietzsche in Sils-Maria – auch Meta von Salis und Resa von Schirnhofer sind hier zu nennen – sind ein reizvolles Thema. Der Philosoph, dem man zu Unrecht Frauenfeindlichkeit nachsagte, konnte ein sympathischer, ritterlicher Partner sein. So lernte auch Marie von Bradke, die 1886 in der »Alpenrose« zu Gast war, ihn kennen: »Als ich einmal zum Mittag etwas verspätet vom schwarzen Cavloccia-See heimkehrte und von Gästen den Eßtisch schon verlassen fand, setzte sich mir gegenüber ein neuangekommener Herr – das war Nietzsche. Ich beachtete ihn nicht, noch ganz versunken in die eben geschaute Landschaft. Da stand er, der dem Fenster gegenüber saß, jäh auf und setzte sich neben mich; und als ich ihn etwas erstaunt ins Auge faßte, sagte er, sich entschuldigend: das helle Fenster habe ihn geblendet. Ein Etwas in seiner Stimme, seinem Blicke zog mich an. Wir gerieten bald in eine lebhafte Unterhaltung, deren Inhalt mir nicht erinnerlich geblieben ist, wohl aber, daß sie den Charakter des Ungewöhnlichen trug.«

Sils-Maria.

Hotel Alpenrose.

Mlle. de Maussouroff, demoiselle d'honneur de S. M. l'imperatrice de Russie, Russie
Mad. Fynn mit Dienersch., Angleterre
Mlle. Fynn, Angleterre
Mad. Bichler, Genève
Frau Professor Cornelius mit Sohn und Tochter, München
Frl. Marie von Bradke, Livland
Herr Dr. A. Zerdik. Kiel
Herr Köster, Frankfurt a. M.
Herr Lieut. a. D. Ebmeyer, Deutschland
Herr Prof. Nietzsche, Basel
Frau Baronin v. Gayling und Dienerschaft, Freiburg i. B.
Freifrl. v. Breitschwert, Freiburg i. B.
Herr Dr. Maske, Stettin
Herr Eugen Pfeifer mit Familie und Dienerschaft, 6 Personen, Köln
Herr F. Siber-Heusler mit Familie, 5 Personen, Basel
Herr August Cohen mit Frau und Tochter, Hamburg
Herr Kosmack, Kaufmann, Glasgow
Herr Landgerichtspräsident Hoppenstedt und Frau, Lübeck
Herr Ferdinand Peltzer mit Frau und Sohn, Hamburg
Frau Luce mit Töchtern, Hamburg
Herr W. Knoll u. Familie, 5 Pers., Frauenfeld
Frau August von Wilmowski mit Töchtern, Breslau
Frau Ida Warburg u. Tochter, Altona
Mr. J. C. Todd, England
Miss Todd, England
Herr Dr. Imhoff, Zürich
Frl. Elise Kuveke, Breslau
Gräfin Clothilde Bothmer, München
Gräfin Wilhelmine Bothmer, München
Miss Zimmern, London
Herr R. Siebenhaar, Anwalt, Stettin
Frl. A. Woepke, Dessau
Herr Dr. Kerez und Frau. Zürich
Frau Evers und Frl. Tochter, Düsseldorf
Frl. A. Cramer, Mailand
Herr Ministerialrath Dr. Hoseus und Frau, Strasburg
Frl. E. Koenigs, Berlin
Frl. M. Schulz, Frankfurt a. O.
Frl. Keyl, München

Gästeliste. 1886

Auch Universitätsprofessoren, »mit denen ein artiger Verkehr stattfindet, ohne daß er mir meine Einsamkeit nimmt« (2.9.1886), hatten sich in der »Alpenrose« einquartiert: der Historiker Julius von Pflugk-Hartung (1848–1919), der Mathematiker Max Noether (1844–1921), der Indologe August Leskien (1840–1916), der Jurist Otto Gierke (1841–1921) und andere. Nietzsche schrieb mehrmals von einem »Professoren-Rendezvous«. Auch Angehörige berühmter Verlegerfamilien, z. B. Heinrich Brockhaus und Fritz Baedeker, gehörten zu diesem Kreis der Gäste.

Als Nietzsche 1887 wiederum als erster Gast nach Sils-Maria kam, zog er es vor, erneut allein zu speisen. Sein »englisch-russisches Trio« wohnte in diesem Jahr in dem vor kurzem eröffneten Luxushotel »Kursaal« in Maloja. Er berichtete seiner Mutter, daß er »noch kein Mal die table d'hôte besucht habe, deren Kost manche unberechenbare Gefahren in sich hat: dazu ist der Saal heiß, überfüllt (c. 100 Personen, viel Kinder), lärmend, genug, nichts für Dein zartes Thier, das zuletzt auch ein wenig zu stolz ist, um sich ohne Gewissensbisse en masse mit abfüttern zu lassen. So esse ich denn allein, eine halbe Stunde vorher: Tag für Tag ein schönes rothes Beefsteak mit Spinat und eine große Omelette (mit Apfel-Marmelade darin). Dafür zahle ich ebenso viel als für die table d'hôte«. (3.8.1887)

Nietzsche, immer bemüht um gute Ernährung, blieb auch im letzten Silser Jahr bei seinem eintönigen Mittagessen: »Das Hôtel, in dem ich esse, hat zwischen 40 und 50 Personen. Meine Lebensweise ist so. Um 5 Uhr nehme ich eine Tasse Cacao (im Bett); um $^1/_2$ 7 ungefähr trinke ich meinen Thee. Um 12 esse ich, allein, eine halbe Stunde vor dem dîner des Hotels: regelmäßig ein Beefsteak und eine Omelette. Abends um 7 nehme ich nur auf meinem Zimmer ein Stückchen Schinken, 2 rohe Eidotter und 2 weiße Wecken. Für meine Mittagsmahlzeit zahle ich einen sehr ermäßigten Preis, nämlich im Verhältniß dazu, was sonst die Fremden hier oben zahlen: nämlich 2 frs. 25 ct. (= 18 groschen). Die Fremden würden 3–4 fr. zahlen müssen. Die Zubereitung ist gut; das Fleisch ausgezeichnet.« (16. 6. 1888) Er legte so seiner Mutter Rechenschaft ab: Seine knappe Pension zwang ihn, vorsichtig zu haushalten.

Wie der Wirt der »Alpenrose«, Ludwig G. Barblan, den kauzigen Dauergast in Erinnerung behalten hat, erfahren wir wiederum von Eugenie Galli: »Gar bescheiden war die Spur, die ich fand. Zunächst suchte ich aufs Geradewohl hin Nietzsche's Namen im Fremdenbuch des ältesten Gasthofes ›zur Alpenrose‹. Im Juni 1884 hatte er sich als ›Professor aus Basel‹ eingetragen. Ich frug den bäuerlichen Gastwirt, ob er mir das Blatt aus dem Buche verkaufen wollte. ›Nicht um die Welt‹, antwortete er. Aus dieser Weigerung aber zu schließen, daß er auch nur eine Ahnung von der geistigen Bedeutung des Schreibers gehabt, wäre zu kühn. Nur seine Geschäftsklugheit diktierte ihm diese Zurückhaltung. Natürlich erinnerte er sich sehr gut des Professors, der ihm, wie er sagte, immer so viel Not mit dem Essen gemacht!! ›Wisse Sie‹, hub er seinen Bericht an, indem er sich breitbeinig vor mich hinstellte, ›am Esse do hoat mer's scho glei merke kenne, wo's mit dem Professor hinauswill. Mei Table d'hôte, di isch schon ganz gewiß güet, aber der Professor hett se do nit ausg'halte! ›Schwül sei's ihm in

Hotelanzeige. Um 1890

dem große, prächtige Saal, un es leide ihn nit unter dene viele Mensche‹, hat er g'secht. Doa hoat er meischt nur ein Beefsteak für sich allein gegesse und sonscht den ganze Tag nur Obscht, schrecklich viel Obscht! manchen Tag an drei Kilo. Natürlich, dosch kann kei' Mage' vertrage! Dann war er chrank und kam tagelang nicht. Ich habe oft zu ihm gesagt: ›Herr Professor, dasch Obscht macht Ihne chrank.‹ ›Nein‹, sagt er darauf, ›das Fleisch; Ihr Beefsteak kann ich nicht vertragen‹; und dazu lachte er. Davon war er nicht zu bekehren. Unwillkürlich fiel mein Blick auf die Fruchtschalen, welche die Wirtstafel mit steinharten Pflaumen und grasgrünen Aepfeln schmückten. ›Von diesem Obst 3 Kilo, das ist freilich viel‹, dachte ich. Der Wirt schien meine Gedanken zu erraten. ›Professor Nietzsche‹, fuhr er fort, ›der kaufte sei' Obscht bei den herumziehenden Italiänern. Dann hatte er auch Fräunde, die schickten ihm auch noch, weil sie seine Paschion dafür kannten; desch hat den Mann ruiniert.‹«

Der Speisesaal aus Nietzsches Zeit ist nicht erhalten. Das Hotel wurde 1907/08 noch einmal umgebaut, es wurde aufgestockt und erhielt seine heutige barockisierte Form.

Nachdem 1908 das Hotel »Waldhaus« eröffnet worden war, verlor die »Alpenrose« an Bedeutung. Doch Cati Knaus, die Frau des letzten Direktors, hat Ende der fünfziger Jahre mit einem amerika-

Blick von der Ebene bei Sils-Maria über den Silsersee.
Ölbild von Giovanni Giacometti. 1927

nischen Gast, dem aus Deutschland emigrierten einstigen expressionistischen Schriftsteller Kurt Pinthus und anderen an der Rettung des Nietzschehauses mitgewirkt. Wer aber rettet heute das seit 1974 ungenutzte, durch Nietzsches Beteiligung an der table d'hôte geadelte Hotel? Viele Initiativen führten bisher zu keinem Erfolg. So steht der Besucher auf seinem Spaziergang etwas ratlos vor dem Gebäude mit seinen leeren Fensterhöhlen.

Wir setzen unseren Weg fort, biegen nach der »Alpenrose« nach links und überqueren die sich breit hinlagernden Wiesen.

❷ Blick auf den Silsersee

Wir haben nun den herrlichen, alle Gäste immer wieder bezaubernden Blick auf den Silsersee, der an drei Seiten von Gebirgszügen umstellt ist. In der Ferne liegt Maloja und dahinter – steil abfallend – das Bergell. Bei klarem Wetter erkennt man den Turm über dem Ort, den Rest einer nie gebauten Privatresidenz des belgischen Grafen de Renesse (vgl. Seite 133 ff.).

Vor allem aber bietet sich der See dem Auge als eine unendlich beruhigende Fläche dar. Seit vielen Jahrzehnten regt dieser Blick die Maler und die Fotografen an, die Szenerie in dem wechselnden Licht im Bild festzuhalten. Einer von ihnen war Giovanni Giacometti (1868–1933) aus Stampa, der einige Jahre mit Giovanni Segantini in Maloja arbeitete und sich dann unter dem Eindruck der Bilder Vincent van Goghs der Avantgarde annäherte. Er hat den Blick auf den Silsersee in der Morgen- und Wintersonne mehrfach gemalt und das unauslöschliche Panorama wiedergegeben.

Nach einigen hundert Metern erreichen wir die Halbinsel, die mit Nietzsches Namen verbunden ist.

❸ Die Chasté

In allen Reiseführern wird die »bewaldete Halbinsel im Silsersee mit lauschigen Buchten und Ruheplätzchen« als das »Juwel von Sils« gelobt, »von wo aus sich die wunderbarsten Ausblicke auf See und Berge und Gletscher bieten«. Nietzsche hatte die Schönheit dieses Platzes schon im ersten Jahr entdeckt, und ein Gang um die Halbinsel oder ein Ruheplatz unter den schattigen Bäumen gehörten zu seinen Silser Erholungsstunden. Wie dies damals auf die Gäste wirkte, schilderte die schon erwähnte Marie von Bradke:

»Wenn er, was er täglich tat, morgens vor 6 Uhr seine raschen Schritte zur Halbinsel lenkte, über sich den gelben Sonnenschirm gespannt, der seine kranken Augen zu schützen hatte, habe ich ihm oft nachgeschaut. Wer da ging, das merkte ich wohl, hatte Künstleraugen und trug in die erlebte Naturschönheit hohe, einsame, einzige Gedanken. Wenn man die große, kräftige, wohlgekleidete Gestalt so hineilen sah, mit dem vollen, rosigen Gesicht und dem Schnauzbart, hätte man sie eher für einen Rittergutsbesitzer als einen Gelehrten oder Künstler gehalten. Nur aus den großen, braunen, sammetweichen Augen sprach eine tiefe, gütige, geisterfüllte Künstlerseele. Nie hätte ich diese seine Schöpferstunden mit einer Begegnung stören mögen, so groß auch manchmal die Lust war: in der Morgenfrühe auf leisen Sohlen den Reizen der Halbinsel nachzuspüren.«

Am eindringlichsten hat Meta von Salis, die frisch promovierte Historikerin, Erbin der berühmten Familie von Salis-Marschlins, elf Jahre jünger als Nietzsche, den Spaziergang um die Chasté geschildert. Sie besuchte ihn seit 1886 jeden Sommer in Sils, mit ihrer Mutter, ihrer Freundin Hedwig Kym oder allein. Wir werden ihr auf unseren Spaziergängen immer wieder begegnen.

Nietzsche war von der Schweizerin, die sich so wenig wie Resa von Schirnhofer durch äußerliche Reize, wohl aber durch einfühlsame Klugheit und eine heitere Lebensart auszeichnete, durchaus beeindruckt. Meta von Salis-Marschlins, die später eine der stärksten Vorkämpferinnen der Frauenbewegung in der Schweiz war, veröffentlichte 1897 eines der frühen Bücher über Nietzsche. Darin hat sie ihm, der Chasté und auch sich selbst ein Denkmal gesetzt:

»Als mich Nietzsche am Vormittag des 9. September 1886 abholte, galt unser erster Gang der Halbinsel. Der Föhn hatte mit dem Gewölk aufgeräumt; eine glorreiche herbstliche Helligkeit lag über dem Thale, und die nächtlichen Regengüsse wirkten in der gereinigten Atmosphäre wohlthuend nach. Bald standen wir auf der ersten Anhöhe der Halbinsel. Hier hatte Nietzsche, als noch keine Wege heraufführten und das Vieh ungestört auf der Wiese am Waldsaum weidete, im durchsonnten Moos und Haidekraut liegend, von keinem Menschen gestört, einst einen Theil seines *Zarathustra* gedichtet. Hier hatte er damals gewünscht, daß man ihn seinerzeit begraben möchte. Jetzt stand unmittelbar an der Stelle eine Bank, auf die wir uns setzten. Uns zu Füßen lag der Silser See, glänzend unter der zitternden Haut, die sich gegen Mittag gemeiniglich zu kräuseln beginnt und nach den Ufern hin aufrollt. Die bequemen Wege, die um die Halbinsel herum und durch ihr Inneres führen, sind das Verdienst des Silser Verschönerungsvereins. Nietzsche hob den guten Geschmack hervor, der die sich von Jahr zu Jahr mehrenden Schöpfungen desselben auszeichnet.

Eine seltsam reiche und reizvolle Welt ist auf der Halbinsel zusammengedrängt. Die Lärchen, die in jenem Jahre unter den Verheerungen des Lärchenspinners gelitten hatten und ihres zarten grünen Kleides theilweise beraubt waren, wirkten trotzdem durch die Eigenthümlichkeit ihrer Formen. Auf der Anhöhe fiel eine durch die wie bei einer Pinie gewölbte Krone auf. An dem jäh zum See abfallenden waldigen Uferrand, gegenüber der nach Maloja führenden Straße, standen andere, die, am ungünstigsten Orte aufgekeimt, den Stamm in seinem untersten Theil horizontal ein bis zwei Fuß über den Abgrund vorgeschoben hatten, um von dieser selbstgeschaffenen Basis aus straff und kühn emporzustreben. Sie waren Nietzsche's Lieblinge, großartige Interpreten seiner Lebenslehre, daß das Individuum dort am prachtvollsten zur Entfaltung gelangt, wo Gefahr ist. Sie riefen unwidersprochen und unwiderleglich in die Welt hinaus: ›Was mich nicht umbringt, macht mich stärker!‹

Neben diesen Bäumen war Nietzsche an eben diesem Ufer auch den kleinen Buchten gut, welche das Tannengrün widerspiegelten und kleine runde Ballen

Blick von der Chasté auf den Silsersee. Um 1930

Die junge Meta von Salis. Um 1890

zusammengewirrten Gräserwerks an's Land spülten, damit sich die Gelehrten über ihren Ursprung den Kopf zerbrächen. Auf einer Bank an der am weitesten nach Süden vorgeschobenen Schmalseite der Halbinsel, da, wo der Kursaal Maloja am sichtbarsten herüberglänzt, ließen wir uns ein zweites Mal nieder. Nietzsche sprach von der überraschenden Verwandtschaft im Charakter der Riviera di Levante und der Halbinsel, trotz der Verschiedenheit der geographischen Breite und des Größenmaßstabs.«

Auf Nietzsches Spuren umwandern wir die Chasté und stehen auf der Anhöhe mit dem Blick auf das gegenüberliegende Isola. Hier sind die Mauerreste zu finden, aus denen man die Vermutung eines alten Kastells herleitet, das der Halbinsel den Namen gab.

Schon früh bedauerte man, daß die Chasté durch die vielen Bänke und Wege in ihrer Unberührtheit beeinträchtigt worden sei. Doch Nietzsche selbst war über die Veränderungen, die der 1884 gegründete Verschönerungsverein zugunsten der zahlreicher werdenden Gäste bewirkt hatte, sehr glücklich. Er beteiligte sich sogar, wie berichtet, durch eine Spende, und seiner Schwester schrieb er: »Sils, eine Sache ersten Rangs: unsere Halbinsel hat weder in der Schweiz, noch in dem mir bekannten Europa seines Gleichen. Lauter neue Wege: die Stelle, wo ich den Zarathustra ausgedacht habe und einst begraben sein wollte, ist jetzt zugänglich gemacht und als schönste Stelle des Engadin in Ruf gebracht.« (2. 9. 1886)

❹ Der Nietzschestein

An der Südspitze der Halbinsel, einem der Lieblingsplätze Nietzsches, wurde dem Philosophen ein Denkmal gesetzt. In einem hoch aufragenden Felsblock ist die Tafel eingelassen mit den Versen aus dem *Zarathustra:*

Oh Mensch! Gib acht!
Was spricht die tiefe Mitternacht?
Ich schlief, ich schlief. –
Aus tiefem Traum bin ich erwacht.
Die Welt ist tief,
Und tiefer, als der Tag gedacht.
Tief ist ihr Weh,
Lust – tiefer noch als Herzeleid.
Weh spricht: vergeh!
Doch alle Lust will Ewigkeit
– Will tiefe, tiefe Ewigkeit!

Die Tafel – das Gedicht in Antiqua und

Versalien gemeißelt – trägt die Jahreszahl 1900. Sie wurde im Todesjahr Nietzsches von zwei Musikern gestiftet: Carl Fuchs (1838–1922), einem Danziger Pianisten und Musiklehrer, mit dem Nietzsche seit 1872 korrespondiert hatte und den er als »gelehrten Kopf« »in allen Problemen der musischen Ästhetik« schätzte, und Walther Lampe (1872–1964), Konzertpianist und Komponist in Weimar.

Die schwermütigen Zeilen des *Mitternachtsliedes* irritieren den Spaziergänger. Als Franz Servaes, der Biograph Segantinis, den Stein 1901 sah, war er entsetzt: »Ich war außer mir. Wie kann man ein so herrliches Gedicht so unselig falsch anbringen? Wie kann man so echt germanisch stillos sein? Diese Sonneninsel – selbst im Regen und Nebel eine Sonneninsel – und das Mitternachtslied!? Wie soll das zusammengehen?! Fühltet ihr nicht, ihr frommen Schwärmer, daß ihr da eine Dummheit begingt, eine jener Dummheiten, die Nietzsche bei den Deutschen so ingrimmig beklagt und verwünscht? Es war bieder und edel von euch, den Philosophen von Sils-Maria durch eine Gedenktafel zu ehren, aber warum gingt ihr dann nicht einfach hin und schriebt an sein Haus:

Hier lebte
Friedrich Nietzsche
sieben Sommer lang
1881–1888.

Der Nietzschestein. Um 1930

Am Silsersee. Postkarte. 1959

Warum thatet ihr das nicht? Weil der Gedanke zu nahe liegt? Also habt ihr geistreich sein wollen und seid darum stillos geworden!«

Uns beeindruckt heute die Tat der beiden Nietzsche-Verehrer, mit der sie an dem Ort, an dem viele den Philosophen gekannt hatten, diese bleibende Erinnerung mit Hilfe des Gemeindepräsidenten Gian Durisch stifteten.

Als Thomas Mann 1936 in Sils-Maria war, notierte er in seinem Tagebuch: »1/2 12 mit K. spazieren auf der Chasté, wunderschöne Wege über dem See. An der Südspitze bei der Bank Gedenktafel für Nietzsche mit den O Mensch, gib acht-Versen. Heftete ein paar eben gepflückte dunkelrote Alpenblumen zu den Tannenzweigen, die man an den Seiten der Tafel befestigt. Bewegt von der dem Eindruck von Tribschen so bald folgenden Erinnerung.«

Wir setzen den Spaziergang um die Chasté unter den Lärchen fort und kommen zum Ausgangspunkt zurück, an dem sich der Weg gabelt. Wir gehen nun am See entlang in Richtung des sich über dem Hügel erhebenden »Waldhauses«.

❺ Am Ufer des Silsersees

Hier gingen im August 1893 – fünf Jahre nach Nietzsches letztem Aufenthalt – drei junge Franzosen spazieren. Einer von ihnen fing die Stimmung ein: »Werden wir je die Spaziergänge am Ufer des Sees von Sils-Maria vergessen, im sinkenden Spätnachmittag gegen sechs Uhr? Hier sind die Lärchen, getaucht in kristallenes Schwarz, hart gegen den blendenden See abgehoben; gegen das bleiche, blaue Wasser fast malvenfarben, wird es ein süßes, leuchtendes Grün, worin die ausgebreiteten Zweige

glänzen. Eines Abends war die Stunde uns besonders günstig. In den wenigen Augenblicken des Sonnenuntergangs durchlief das Wasser alle Farbtöne, unsere Seelen die ganze Stufenleiter der Wonne. Plötzlich wandten wir uns um, da sahen wir einen kleinen Schmetterling daherkommen, dann zwei, dann fünf, wie sie die Blumen an unserem Gestade verließen, um über dem See sich zu wiegen. Bald schienen sie eine unfaßbare Wolke fortgewehter Rosen, bald landeten sie an den Blumen am anderen Ufer, sie kamen zurück, um von neuem sanft ihre abenteuerliche Überfahrt zu wagen, und bisweilen zögerten sie, verlockt, über dem kostbar getönten See, der in seinen Farben einer großen sterbenden Blüte glich.
Das war zuviel, unsere Augen füllten sich mit Tränen. Diese kleinen Schmetterlinge, die über den See segelten, kamen und gingen über unsere Seelen – über unsere Seele, die angespannt war vor Erregung durch so viel Schönes, bereit, zu vibrieren, zu erbeben –, sie gingen dahin und kamen wie ein wollüstiger Geigenstrich. Die zarte Bewegung ihres Fluges streifte das Wasser nie, aber unsere Augen liebkosten sie, unsre Herzen; jedes Zittern ihrer rosenfarbigen Flügelchen brachte uns einer Ohnmacht nahe. Als wir sie bei ihrer Rückkunft vom anderen Ufer wahrnahmen, als wir ihr Spiel, ihr freies Wandeln über die Wasser entdeckten, da klang eine zauberhafte Harmonie in uns wider. Indessen kamen sie zurück mit tausend Arabesken ihrer Laune, dadurch veränderten sie die einfache Harmonie und zeichneten eine Melodie von märchenhafter Phantasie. Unsere Seele war

Der junge Marcel Proust. Um 1895

klangreich geworden, sie lauschte jenem schweigenden Fluge, sie hörte aus ihm eine wundervoll frei gezogene Musik heraus, in der all die sanften, starken Harmonien des Sees sich durchdringend einten mit denen der Wälder, des Himmels und mit unserer eigenen – und mit magischer Süße spielte unser Leben dazu die Begleitung und ließ uns in Tränen ausbrechen.«
Diesen lyrischen Text schrieb der junge Marcel Proust (1871–1922), der sich in Begleitung zweier adliger französischer Freunde Anfang August 1893 für drei Wochen im Engadin aufhielt. Er veröffentlichte ihn in seinem ersten Buch *Les plaisiers et les jours* (1896), in deutscher Übersetzung *Tage der Freuden.*
Unser Weg führt weiter in Richtung Isola. An der Bootsanlegestätte wenden wir

uns nach links und kommen auf einem leicht ansteigenden Weg durch einen lichten Lärchenwald. Am Wegweiser, der nach Val Fex zeigt, biegen wir rechts ab und erreichen nach kurzer Steigung den Höhenweg, der bald zur ersten Bank führt, die zum Verweilen einlädt. Setzen wir diesen Weg weiter fort, so finden wir eine Stelle, von der wir einen einzigartigen Blick über den Silsersee nach Isola und Maloja haben.

❻ Bellavista

Links erhebt sich die Margna, über dem See die Spitzen von Piz Cam und Piz Duan. Rechts davon hat man die Bergkette vom Piz Longhin bis zum Piz Lagrev und Crutschavols vor sich. In einer Bergmulde erkennt man davor die Häuser von Grevasalvas.

In dem Hymnus auf *Sils-Maria* von dem Nietzsche-Verehrer, des spätexpressionistischen Dichters und Musikers Hellmuth Pattenhausen (1896–1979), der viele Jahre Gast in Sils-Maria war, heißt es:

Sicher, so sah er den See silbern
schimmern am Abend,
Nach Westen blickend, oftmals,
Wann er die Zauberwege ging an den
grünen Hängen,
Den baumbestandenen Lichten, kaum
Waldung zu nennen,
Die Zauberwege vom Laret über dem
See
Zum Clavadatsch hin, der verborgenen
Senke.
Sicher, dort ist er gegangen,
Und sicher an jener Stell, wo eine
Schlucht
Die schwarze Steilwand aufreißt, wo
von flechtenbehangenen
Lärchen und Arven gesäumt der
Tiefblick plötzlich erscheint
In smaragdene Gründe des Sees,
Sicher, dort hat er gesessen, gesonnen,
oder ging weiter,
Und wenn er zur grünen Mulde, zum
Weidengrün,
Zu jener verborgenen Senke hinabsah,
Sicher stand damals wie heut dort die
Türkenbundlilie,
Eine sanfte Königin rosa gekleidet,
Sinnend den Turban zur Wiese
geneigt.

Wir gehen auf dem direkten Weg durch den Laretwald zurück und erreichen nach zwanzig Minuten die Garagen des Hotels »Waldhaus«.

❼ Hotel »Waldhaus«

Der in St. Moritz als Hoteldirektor tätige Josef Giger (1847–1921) hatte den Mut, am Anfang des Jahrhunderts auf eigene Kosten ein modernes Luxushotel zu errichten. Das burgähnliche, massiv wirkende Gebäude wurde von 1905 bis 1908 von dem Architekten Karl Koller erbaut. Das »Waldhaus« wurde dank seiner ruhigen Lage, seiner zurückhaltenden Eleganz und seiner großzügigen, gepflegten Atmosphäre zu einem der beliebtesten Erholungsplätze im Oberengadin. Das auf der bewaldeten Laret-höhe errichtete Hotel ist mit seiner Fahne auf der Zinne zu einem Wahrzeichen von Sils-Maria geworden. Es trägt, wie die vielen anderen gastlichen Hotels, durchaus dazu bei, auch die Erinnerung an Nietzsche in Sils-Maria wachzuhal-

Hotel »Waldhaus«. Um 1930

ten. Ein Jahr zuvor – 1907 – wurde das Hotel »Barblan«, der »Schweizerhof«, eröffnet, und zwei Jahre später erhielt der Ort mit dem »Silserhof« sein fünftes Hotel.

»Aus dem stillen, weltabgerückten Alpenörtchen, in das der revolutionäre Philosoph vor den Menschen floh, um mit seiner Weltverachtung und seinen rebellischen Gedanken über unsere Moral allein zu sein, ist eine buntbelebte Fremdenkolonie mit breit ausladenden Hotels geworden, die ein stolzer, gleichsam aus dem massigen Fels hervorwachsender, weithin leuchtender Hotelpalast, Gigers ›Waldhaus‹, majestätisch überragt. In fast allen Besuchern von Sils, ob sie nun im Kongreß der Weltmilliardäre auf dem vom geschmackvollsten Luxus erfüllten Waldhaus residieren oder im bestaubten Touristenhabit in einem bescheidenen Gasthaus verkehren, in fast allen ist das Interesse für den Einsiedler von Sils-Maria lebendig. Das Häuschen, in dem er eine bescheidene Stube bewohnte, wird viel besucht.« Das schrieb der Berliner Börsen-Courier am 30. August 1908.

Das »Waldhaus« wurde schon bald zu einem begehrten Hotel auch für wohlhabende Beamte und Professoren aus Deutschland, für Schriftsteller und Schauspieler, vor allem für berühmte Musiker: Dirigenten, Komponisten, Sänger und Solisten.

Am 15. Juni 1908 – also zur Eröffnung – war der damals bekannte Salon-Dramatiker Felix Philippi aus Berlin unter den ersten Gästen. Er kam bis 1914 Jahr für Jahr. Ein dankbarer Gast war von 1910 bis 1912 auch der Germanist Friedrich von der Leyen (1873–1966) mit seiner Frau. In seinen *Erinnerungen* schrieb er: »Die edlen und stolzen Linien der hohen Berge, ihre reinen Farben, der Schnee der Gipfel, die Anmut und der Glanz des Südens, die schimmernden Seen, die Lärchen und Tannen der Wälder, die in sich beseligende Ruhe – und in diesem Paradies durfte man leben. Seit der Zeit von Nietzsche kehrten dort Menschen ein, die dort hingehörten; wir fanden eine Unterkunft, die es nur dort gab.«

Die Familie Pringsheim aus München – darunter auch »Frau Thomas Mann« – machte seit 1911 mehrfach Ferien im »Waldhaus«. Ein Jahr später erschien der Wiener Schriftsteller Rudolf Kassner (1873–1959), der in Sils-Maria Nikolai Gogols *Mantel* für die Insel-Bücherei übersetzte. Es folgten »Exzellenz von Bethmann-Hollweg, Herr und Frau Fritz Thyssen und der Verlagsbuchhändler S. Fischer mit Frau, Tochter und Kindermädchen« und viele andere bis zum Ausbruch des Ersten Weltkrieges, 1914.

Harry Graf Kessler, damals deutscher Gesandter in Bern, besuchte 1917 mit Fritz von Unruh, dem expressionistischen Dramatiker, Sils-Maria und wohnte wie Max Reinhardt mit Frau, Kindern und Dienerschaft im »Waldhaus«. Zwischen den Kriegen gehörten auch Otto Klemperer und Bruno Walter, die beiden berühmten Generalmusikdirektoren, zu den regelmäßigen »Waldhaus«-Gästen. Als der Dritte unter den Großen des Musiklebens, Wilhelm Furt-

Der alte Lesesaal im »Waldhaus«. Um 1920

Bruno Walter

Otto Klemperer

wängler, im Sommer 1928 seinen Kollegen Otto Klemperer zufällig in Sils-Maria traf, war er bestürzt zu hören, daß beide in der nächsten Spielzeit die Vierte Symphonie von Anton Bruckner dirigieren würden. Furtwängler erkundigte sich sofort, wann Klemperers Konzert stattfinden würde: Er wollte ihm unbedingt zuvorkommen.
Viele Namen bekannter Persönlichkeiten der zwanziger Jahre findet man in den Gästebüchern: Der Kammersänger Richard Tauber verbrachten 1925, der indische Schriftsteller Rabindranath Tagore 1928 und der Komponist Richard Strauss 1928 und 1937 ihre Ferien im »Waldhaus«. Seit 1924 gab es auch eine Wintersaison: Der Schauspieler Albert Bassermann und der erfolgreiche Verleger Franz Ullstein kamen 1925, zwei Jahre später die mondäne Schriftstellerin Rachel Sanzara. Die amerikanische Filmschauspielerin Mary Pickford verlebte den Jahreswechsel 1937/38 in Sils-Maria.
Besonders die Musiker liebten das elegante Milieu des »Waldhauses«. Die Pianisten Wilhelm Backhaus und Wilhelm Kempff gehörten zu den Gästen wie nach dem Kriege Walter Gieseking, Clara Haskil und Dinu Lipatti. Arthur Honegger, ebenfalls mehrfach Gast im Hotel, berichtet von einem Konzertabend im Musiksaal des »Waldhauses« Ende Juli 1946: »In einem Konzert, das Lipatti mit Paul Sacher in Sils-Maria gab, konnte ich den Schock und die Aufregung wahrnehmen, die ihn erfaßten, als er kurz vor seinem Auftreten – er sollte das Klavierkonzert in Es-Dur von Mozart spielen – erfuhr, daß Clara Haskil im Saal sei, sie, die dieses Konzert so spielt, wie kein anderer.« Es muß eine Sternstunde in Nietzsches Sils-Maria gewesen sein: Arthur Honegger, Clara Haskil, Wilhelm Backhaus, die alle zur

Paul Sacher und Arthur Honegger im Gespräch mit Dinu Lipatti. 1946

gleichen Zeit in Sils-Maria weilten, erlebten als Zuhörer den Abend mit Dinu Lipatti und Paul Sacher mit.
Ein Jahr später – 1947 – kam der französische Cellist Pierre Fournier zum erstenmal an diesen Ort und kehrte bis 1961 sehr oft in das »Waldhaus« zurück. Fast gleichzeitig verbrachte Hermann Hesse von 1949–1961 Jahr für Jahr den Sommer in Sils-Maria in Begleitung von Frau Ninon Hesse: Man entfloh der Hitze im Tessin. In seinen *Engadiner Erlebnissen* aus dem Jahre 1953 erzählt der damals 76jährige Hesse von seiner »Sternstunde«, einem Zimmerkonzert, das Fournier für ihn veranstaltete:

»Beinahe mußte ich mich dazu zwingen, zur vereinbarten Stunde am Spätnachmittag das Zimmer des Künstlers aufzusuchen, mit meiner Verstimmung und Traurigkeit kam ich mir vor, als sollte ich mich ungewaschen mit an eine festliche Tafel setzen. Ich ging hin, trat ein, bekam einen Stuhl, der Meister setzte sich, stimmte, und statt der Luft von Müdigkeit, Enttäuschung, Unzufriedenheit mit mir und der Welt umgab mich alsbald die reine und strenge Luft Sebastian Bachs, es war, als sei ich aus unserm Hochtal, dessen Zauber sich heute an mir wenig bewährt hatte, plötzlich in eine noch viel höhere, klarere, kristallnere Bergwelt gehoben worden, die alle

Sinne öffnete, anrief und schärfte. Was ich selber diesen Tag über nicht vermochte hatte: aus dem Alltag heraus den Schritt nach Kastalien zu tun, das vollzog die Musik an mir in Augenblikken. Eine Stunde oder anderthalbe weilte ich hier, zwei Solo-Suiten von Bach anhörend, mit kurzen Pausen und wenig Gespräch dazwischen, und die kraftvoll, genau und herb gespielte Musik schmeckte mir wie einem Verschmachteten Brot und Wein, sie war Nahrung und Bad und half der Seele, wieder zu Mut und zu Atem zu kommen. Jene Provinz des Geistes, die ich mir einst, im Dreck der deutschen Schande und des Krieges erstickend, zur Rettung und Zuflucht erbaut hatte, tat mir ihre Tore wieder auf und empfing mich zu einer ernstheiteren, großen, im Konzertsaal nie ganz zu verwirklichenden Feier. Geheilt und dankbar ging ich davon und habe noch lange daran gezehrt.«
Musikalische Erlebnisse und Ereignisse passen in das Bild eines Ortes, an dem Nietzsche viele Jahrzehnte früher sehr oft nicht nur über das Wesen der Musik und des Musikalischen nachgedacht und in Briefen an Peter Gast und Carl Fuchs geschrieben, sondern in der »Alpenrose« auch Konzerten anwesender Musiker und Sängerinnen zugehört hat.
Für den alten Hermann Hesse konnte Musik aber auch ärgerliche Störung be-

Hermann Hesse im Gespräch mit Theodor Heuss in Sils-Maria. 1957

deuten, so während seines ersten Aufenthalts: »Ich bin seit 21. Juli [1949] in Sils, und es wäre Zeit für mich, einmal wieder eine Nacht schlafen zu können. Doch kann ich meiner äußerst hitzeempfindlichen Frau wegen noch nicht fort. Mir geht sowohl das Klima wie das Hotelleben sehr auf die Nerven, und dann gibt es Störungen, die auch ein Routinierter sich nicht ausdenken könnte. So habe ich dreimal in der Woche direkt unter mir Jazzmusik bis 11 Uhr und länger, und mehrmals hörte ich früh am Morgen oder mitten in der Nacht Klavier spielen, was niemand mir glauben wollte. Letzte Nacht ging es um halb vier wieder an, ich stand auf, ging zur Halle hinunter, sah Licht in der Bar, und als ich wütend hineinging, saß da auf dem Musikpodium am Klavier der Hausdiener, der Nachtwache hatte, und spielte mit drei Fingern seine Lieblingsmelodien.«

In den Jahren 1950 und 1954 begegneten sich hier Hermann Hesse und Thomas Mann: Die beiden berühmten deutschen Schriftsteller der Nachkriegszeit lasen einander ihre Werke vor. Wir werden den Gleichgesinnten noch auf unseren Spaziergängen begegnen.

»Im hellen Gedenken an unsere Stündlein des Zusammenseins in Sils-Maria« gratulierte der am Bodensee lebende Philosoph Leopold Ziegler (1881–1957) Hermann Hesse zum 75. Geburtstag 1952: Man hatte sich im Jahr zuvor getroffen. Auch Theodor Adorno war oft gleichzeitig Gast des »Waldhauses«: Man kannte sich. Von größerer Zuneigung werden die Begegnungen Hesses mit seinem schwäbischen Landsmann Theodor Heuss gewesen sein: Auch dieser kam mehrfach nach Sils-Maria und verbrachte seine Ferien im »Waldhaus«.

Hermann Hesse hatte sich im Laufe der Jahre eingelebt. Im Sommer 1961 – ein Jahr vor seinem Tod – kam er zum letztenmal: »In Sils-Maria waren wir auch wieder, etwa fünf Wochen ... Wir waren jetzt seit etwa 12 Jahren jeden Sommer dort, aus vielen Gründen, des Klimas und der Landschaft wegen, dann auch weil ich dort im Hotel freundlich und sorgfältig behandelt werde, mit Diät und Ruhe, aber auch weil wir dort jedes Jahr Leute treffen, die gleich uns immer wieder hinkommen und uns Freunde geworden sind. Die Fahrt im Auto nach Sils ist die einzige Reise im Jahr, die ich noch mache.«

Die Schriftstellerin und Übersetzerin von Gertrude Stein, Marie-Anne Stiebel, die Amüsantes von ihren Begegnungen mit Hermann Hesse in Sils-Maria erzählt, hat die Gäste im Restaurant in den fünfziger Jahren beobachtet und schreibt darüber: Es gab »in diesen Sommern viele außergewöhnliche Persönlichkeiten im Waldhaus in Sils-Maria; um nur einige zu erwähnen: Kardinal König von Wien mit einer großen Suite, Nobelpreisträger [vielmehr: Leopold] Ziegler mit Frau, Paul Sacher mit Familie, Alberto Moravia mit seiner Frau Elsa Morante, der Dichter Pierre-Jean Jouve – und vor allem Thomas Mann mit Frau Katja, auch Erika Mann war oft dabei. Manns saßen im Restaurant weiter entfernt von uns, so daß ich sie nicht aus der Nähe beobachten konnte. Aber immerhin sah ich oft Thomas Mann das Restaurant betreten, weder nach links oder nach rechts schau-

Blumen in Sils. Aquarell von Marc Chagall. 1960

end, sich steif an den Tisch setzend, die Speisekarte studieren, dann die Kellner herbeibeordern und mit Wichtigkeit das Menü bestellen. Er wechselte kein freundliches Wort mit den Angestellten, die er als Menschen nicht wahrnahm – wie es im Gegensatz dazu bei Hesse der Fall war – sie schienen für ihn nicht zu existieren.«

Viele berühmte und weniger berühmte Gäste wohnten im Laufe des Jahrhunderts in dem gastlichen Haus auf der Höhe von Sils-Maria, so auch die Schriftsteller Erich Kästner, Ernst Jünger und wiederholt Friedrich Dürrenmatt. In den Gästebüchern haben wir ihre Namen gefunden: Nur wenige konnten erwähnt werden. Sie mögen für die Ungenannten stehen.

Wir verlassen den Salon des »Waldhauses« und gehen die Fahrstraße abwärts zur Ortsmitte, vorbei an dem Neubau des »Schweizerhofs«, und kommen so zum Ausgangspunkt, der Chesa Cumünela, zurück, vorbei an einer Pension.

❽ »Pension Privata«

Unmittelbar neben der Gemeindeverwaltung steht das beliebte viergeschossige »heimelige Familienhotel im Engadinerstil im Herzen von Sils-Maria«. Das frühere Bauernhaus, oft umgebaut und erweitert, war lange Zeit eine Dépendance der »Alpenrose« und wird seit 1921 als selbständige Pension geführt. Unter den Gästen, die dort wohnten, nennen wir nur den Maler Marc Chagall (1887–1985), der 1960 und 1961 hier unten, später im »Waldhaus«, einige Winterwochen verbrachte. Daran erinnert das Aquarell *Blumen in Sils-Maria:* Der Tulpenstrauß vor dem Fenster läßt den Blick frei für drei Häuser, die Wand der Chesa Cumünela ist links zu erkennen und in der Mitte die Stüva des Hotels »Maria« und daneben der kleine Laden, in dem der Gast seine Morgenzeitung kauft. Auch dieses Bild ist eine Huldigung an den Geist von Sils-Maria.

In der »Pension Privata« wird das Gästebuch der »Alpenrose« aufbewahrt, das Theodor W. Adorno bei seiner Suche nach den Spuren Nietzsches durchsah und über das er in seinen Prosastücken *Aus Sils Maria* notierte: »In der Pension Privata, die heute noch von Intellektuellen frequentiert wird, findet sich in einem alten Fremdenbuch Nietzsches Eintragung. Als Beruf gibt er an: Universitätsprofessor. Sein Name steht unmittelbar unter dem des Theologen Harnack.« Bei dem Theologen handelt es sich nicht, wie Adorno wohl meinte, um den berühmten Adolf von Harnack, sondern um seinen Vater, Prof. Dr. Theodosius Harnack, aus Dorpat und seinen Bruder, Prof. Dr. Axel Harnack, aus Dresden. Die Orte werden im Gästebuch erwähnt. Diese Anmerkung gilt nur den Adorno-Lesern!

Blick von Surlej über den Silvaplaner- und den Silsersee. 1906

Dritter Spaziergang
Um den Silvaplanersee

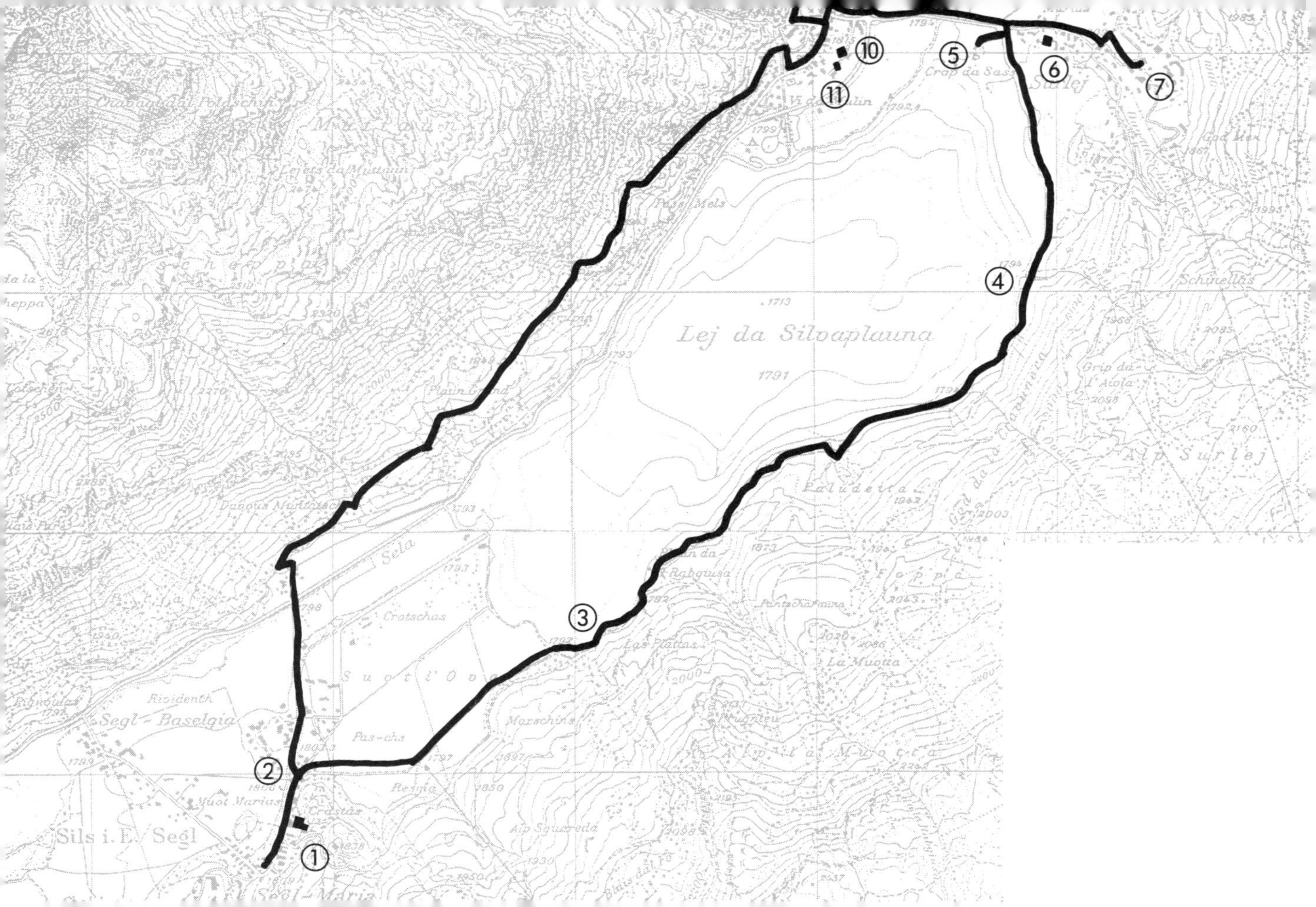
Lej da Silvaplauna
Sils i.E./Segl
Segl-Baselgia
Sela
Cratschas
Pas-chs
Marschins
Las Paltas
La Muotta
Paludetta
Alp Surlej
Schinellas
Crap da Sass
Surlej
Plaun Grand
Alp Squarzeda
Rabgiusa
1
2
3
4
5
6
7
10
11

Nach den beiden kurzen Spaziergängen zur Alp Prasüra und zur Chasté schlagen wir einen zwei- bis dreistündigen bequemen Weg vor, der rund um den Silvaplanersee führt. »Morgens lief ich um den See von Silvaplana, Nachmittag war ich hinten im Fextal«: Das war noch 1888 Nietzsches Pensum (11. 8.). Manchmal war es auch wohl umgekehrt: »Nachmittags lief ich um den ganzen See von Silvaplana herum.« (7. 9. 1888)

Der Silvaplanersee, der vorletzte der Seenkette im hohen Inntal, hat nicht die intime Lieblichkeit des Silsersees, wohl aber gibt er den Blick frei, weit nach St. Moritz hinüber zu sehen. In dem Silser Führer von 1920, der noch die Wege zu Nietzsches Lebzeiten beschreibt, heißt es:

»Einer der genußreichsten Spaziergänge in der Umgebung von Sils ist der nach Silvaplana über Surley auf schattigem Waldweg am rechten Ufer des Silvaplanersees (1 1/2 Std.). Man hat die Wahl zwischen dem Wege über Crastas da Mulins zur Säge oder den beiden Wiesenwegen, die von der untern Fexbachbrücke aus zur Säge oder direkt an den Silvaplanersee führen (der letztere ist der kürzeste). Erst am unteren Ende des Silvaplanersees verläßt der Weg den Wald und geht durch die Wiesen von Surley, den kleinen vom wilden Bergwasser zerstörten Weiler mit seinen zum größten Teil in Trümmern liegenden Häusern rechts lassend, nach dem schön gelegenen Silvaplana hinüber. Unmittelbar vor der Brücke über den sich hier flußartig verengenden Silvaplanersee zweigt rechts ein Fußweg ab, der über den weithin sichtbaren Aussichtspunkt Crestalta nach Champfer und St. Moritz leitet.«

Wieder nehmen wir die Chesa Cumünela zum Ausgangspunkt und gehen die alte Landstraße am Nietzschehaus, am »Edelweiß« und der »Post« vorbei.

❶ Hotel »Seraina«

Der Hotelneubau auf der rechten Seite, kurz nach der Poststation, ersetzt seit 1976, wie an vielen Stellen, ein altes Engadiner Haus aus dem 18. Jahrhundert, so wie es noch Nietzsche und viele Gäste nach ihm kannten. Seit 1961 wird der gepflegte Hotelbetrieb in dem gastlichen Haus mit der herrlichen Alpenblumenpracht geführt. Unser Besuch gilt heute den faszinierenden naiven Bildern im Eingang und in den Gasträumen, die aus Familienbesitz stammen. Es sind Aquarelle und Ölbilder von einem zweiten Silser Maler, Samuele Giovanoli (1877–1941). Er wird der »Paradiesmaler aus dem Fextal« genannt, man könnte diesen naiven Künstler auch als »Henri Rousseau von Sils-Maria« titulieren.

Im Gegensatz zu dem unglücklichen Andrea Robbi, der ja eine akademische Ausbildung hatte, war der Bauer Samuele Giovanoli ein Laie, der seit 1895 im Fextal seine karge Landwirtschaft betrieb und seine neunköpfige Familie ernährte. (Vgl. S. 95 f.) Es wird erzählt, daß Giovanoli – nach dem frühen Tod seiner Frau und nachdem die Kinder nach und nach das Haus verlassen hatten – sehr zurückgezogen und in sich gekehrt gelebt habe, ein »schrulliger, verschrobener und einsamer Kauz«. Niemand ahnte, wie intensiv er im letzten Lebensjahrzehnt – Giovanoli starb 1941 mit 64 Jahren – oft auch nachts malte und ein lange unbeachtetes Lebenswerk

Das Paradies. Aquarell von Samuele Giovanoli

hinterließ, Hunderte von naiven Bildern, in denen er die Sehnsüchte seines harten Lebens in ungemischten Farben und mit phantasievollen Figuren in der Berg- und Seenlandschaft seiner Engadiner Heimat zum Ausdruck brachte. Es sind hintersinnige, ungelenke und auch verschmitzte Bekenntnisse eines Silser Bauern, der durch seine Laienkunst in die Geschichte der naiven Malerei eingegangen ist.

F. Nietzsche am Silsersee hat Samuele Giovanoli seine Erinnerung an den berühmten Gast bezeichnet: An den Stamm einer Arve gelehnt, sitzt der schwarzhaarige, schnauzbärtige Philosoph in schwarzer Weste und Hose und weißem Hemd mit Hut und Stock in der Hand wie eine Puppe auf der bunten Bergwiese am Ufer des tiefblauen Sees. Tannen und graue Wälder begrenzen das Bild. Das Weiß einer Bergkuppe kontrastiert zu dem ahnungsvollen Abendrot am Himmel. Im Gegensatz zu den bekannten Nietzsche-Porträts vermittelt das Bild auf frappierende Weise einen Eindruck von der Einsamkeit des Philosophen und zugleich seine Zugehörigkeit zur Bergwelt des Oberengadin. »Wie froh bin ich! nun bin ich wieder zu Hause!« Der Hauswirt Gian Durisch hat diese von Nietzsche bei seiner Ankunft oft wiederholten Worte, wie berichtet, überliefert.

❷ Auf der Straße

Die Straße, die zum Silvaplanersee führt, ist nicht mehr nur für Fuhrwerke bestimmt, sondern heute auch für Autos ausgebaut. Sie führt durch den nach und nach fast ganz erneuerten Ortskern. Von fern her betrachtet allerdings, ist es immer noch eine alte Gebirgsstraße, auf der die Gäste einander begegnen. Viele kehren Jahr für Jahr zurück, Deutsche, Engländer, Holländer, Franzosen, Italiener, auch viele Juden aus Israel oder aus europäischen Ländern. Sie gehören seit hundert Jahren zu den glühendsten Verehrern Nietzsches in Sils-Maria, in dem sie oft ihr einsames Schicksal gespiegelt sehen.

Unter den jüdischen Autoren deutscher Sprache war auch Paul Celan (1920–1970), einer der sprachgewaltigen Lyriker unseres Jahrhunderts, der wie kein anderer unter dem Schicksal seines jüdischen Volkes litt. Er war Ende Juli/Anfang August 1959 in Sils-Maria und traf dort den Literaturwissenschaftler Peter Szondi (1929–1971), einen Bruder im Geiste, nicht aber Theodor W. Adorno, den er zu treffen gehofft hatte. »Sie wissen, wie leid es ihm tut, Sie nicht getroffen zu haben«, schrieb Szondi an Celan. Dieser brachte »vor einem Jahr, in Erinnerung an eine versäumte Begegnung im Engadin ... eine kleine Geschichte zu Papier«, betitelt *Gespräch im Gebirg*. Und dieser schwermütige Prosatext – so könnte man sich vorstellen – beschreibt eine Begegnung auf der Straße von Sils-Maria, auf der wir uns befinden. Er beginnt:

»Eines Abends, die Sonne, und nicht nur sie, war untergegangen, da ging, trat aus seinem Häusel und ging der Jud, der Jud und Sohn eines Juden, und mit ihm ging sein Name, der unaussprechliche, ging und kam, kam dahergezockelt, ließ sich hören, kam am Stock, kam über den Stein, hörst du mich, du hörst mich, ich bins, ich, ich und der, den du hörst, zu hören vermeinst, ich und der andre, – er ging also, das war zu hören, ging eines Abends, da einiges untergegangen war, ging unterm Gewölk, ging im Schatten, dem eignen und dem fremden – denn der Jud, du weißts, was hat er schon, das ihm auch wirklich gehört, das nicht geborgt wär, ausgeliehen und nicht zurückgegeben –, da ging er also und kam, kam daher auf der Straße, der schönen, der unvergleichlichen, ging, wie Lenz, durchs Gebirg, er, den man hatte wohnen lassen unten, wo er hingehört, in den Niederungen, er, der Jud, kam und kam.

Kam, ja, auf der Straße daher, der schönen.

Und wer, denkst du, kam ihm entgegen? Entgegen kam ihm sein Vetter, sein Vetter und Geschwisterkind, der um ein Viertel Judenleben ältre, groß kam er daher, kam, auch er, in dem Schatten,

Peter Szondi

Paul Celan

dem geborgten – denn welcher, so frag und frag ich, kommt, da Gott ihn hat einen Juden sein lassen, daher mit Eignem? –, kam, kam groß, kam dem andern entgegen, Groß kam auf Klein zu, und Klein, der Jude, hieß seinen Stock schweigen vor dem Stock des Juden Groß.
So schwieg auch der Stein, und es war still im Gebirg, wo sie gingen, der und jener.
Still wars also, still dort oben im Gebirg. Nicht lang wars still, denn wenn der Jud daherkommt und begegnet einem zweiten, dann ists bald vorbei mit dem Schweigen, auch im Gebirg. Denn der Jud und die Natur, das ist zweierlei, immer noch, auch heute, auch hier.
Da stehn sie also, die Geschwisterkinder, links blüht der Türkenbund, blüht wild, blüht wie nirgends, und rechts, da steht die Rapunzel, und Dianthus superbus, die Prachtnelke, steht nicht weit davon. Aber sie, die Geschwisterkinder, sie haben, Gott sei's geklagt, keine Augen. Genauer: sie haben, auch sie, Augen, aber da hängt ein Schleier davor, nicht davor, nein, dahinter, ein beweglicher Schleier; kaum tritt ein Bild ein, so bleibts hängen im Geweb, und schon ist ein Faden zur Stelle, der sich da spinnt, sich herumspinnt ums Bild, ein Schleierfaden; spinnt sich ums Bild herum und zeugt ein Kind mit ihm, halb Bild und halb Schleier.
Armer Türkenbund, arme Rapunzel! Da stehn sie, die Geschwisterkinder, auf einer Straße stehn sie im Gebirg, es schweigt der Stock, es schweigt der Stein, und das Schweigen ist kein Schweigen, kein Wort ist da verstummt und kein Satz, eine Pause ists bloß, eine Wortlücke ists, eine Leerstelle ists, du siehst alle Silben umherstehn; Zunge sind sie und Mund, diese beiden, wie zuvor, und in den Augen hängt ihnen der Schleier, und ihr, ihr armen, ihr steht nicht und blüht nicht, ihr seid nicht vorhanden, und der Juli ist kein Juli ...«
Es ist der einzige Prosatext Celans; das

Gespräch, das folgt, ist ein verhaltener Dialog über das unbegreifliche Schicksal der Juden im 20. Jahrhundert, ein Gespräch in Nietzsches Sils-Maria.
An der Fexbrücke gehen wir den Feldweg über die Wiesen weiter und kommen an das Ufer des Silvaplanersees. Der Weg führt teilweise am Wasser entlang, teilweise durch den Lärchenwald.

❸ Am See von Silvaplana

Nietzsche liebte diesen ebenen Weg, der ins Freie führte, sehr. Oft lief er »mit glücklichen und dankbaren Gefühlen an den blauen See herum« (21. 9. 1881). Aber er litt auch unter der Helle des Tages: »Die Augen commandiren auch hierin, ich halte es in der Helle nicht mehr aus.« (13. 7. 1885)
Wollten die Gäste in der »Alpenrose« mit dem Philosophen ins Gespräch kommen, so traf man ihn hier am günstigsten. Der Musiker Adolf Ruthardt – wir haben ihn schon als Begleiter der russischen Adligen kennengelernt – erzählt: »Den traulichen Waldpfad, der an dem Silvaplaner See entlang nach Silvaplana führt, mit mir beschreitend, sagte Fräulein von Mansuroff: ›Ich führte Sie nicht ohne Absicht diesem Wege zu, denn hier pflegt Professor Dr. Nietzsche seinen Morgenspaziergang zu machen, und es ist mein Wunsch, Sie möchten ihn kennen lernen, denn er ist sehr musikalisch. Zwar gilt er in Sils-Maria für menschenscheu, aber Sie werden sich überzeugen, daß er die Artigkeit selbst ist, wenn ihm ein Entrinnen unmöglich gemacht wird. Glauben Sie aber ja nicht, daß er, wo es angeht, nur jungen und hübschen Damen zu entrinnen versucht, sondern auch uns alten und häßlichen.‹ Dabei lächelte sie ganz eigentümlich. Nun, alt war sie; hübsch war sie nicht und konnte es auch zu Chopins Zeiten nicht gewesen sein. Was wollte sie aber damit sagen? Wollte sie mich in Verlegenheit setzen, mir ein dummes Kompliment abnötigen? Doch ich wußte, daß es ihr zuweilen beliebte, dergleichen Späßchen, gewissermaßen mit der Tür ins Haus fallend, zu machen ... ›Da ist er‹, rief Fräulein von Mansuroff erleichtert aus; denn sie fühlte sich am Zuge, und an einer kleinen Biegung des Waldpfades stand plötzlich Nietzsche vor uns.«
Im Jahr zuvor – im August 1884 – besuchte Resa von Schirnhofer (1855–1948), eine Zürcher Studentin aus dem Umkreis von Malvida von Meysenbug, der Nietzsche vier Monate zuvor in Nizza begegnet war, den »Einsiedler von Sils-Maria«: »Ich hatte für einige Tage Fräulein Resa von Schirnhofer bei mir zu Besuch, bevor sie zu ihren Eltern, nach Graz, abreiste; es ist ein drolliges Geschöpf, das mich lachen macht und sich gut an mich gewöhnt. Diesen Winter wird sie in Paris ihre philosophischen Studien fortsetzen«, schrieb Nietzsche am 18. August 1884 an seinen Freund Franz Overbeck, und vierzehn Tage später erzählte er Malvida von Meysenbug ein wenig despektierlich in einem Brief: »Auch die gute Resa Schirnhofer war da, mit einer ihrer Züricher Freundinnen. Schade, daß sie, um Baslerisch zu reden, so ›unanmüethig‹ aussieht! Ich kann das Häßliche in meiner Nähe nicht lange aushalten.« (1. 9. 1884)
Wie dem auch sei: die später in Brixen lebende Österreicherin wußte den verdrießlichen Philosophen zu nehmen. Die

folgende Szene ereignete sich auf dem Weg, den wir in Richtung Surlej gehen: »Dem Sprichwort gemäß: Du sublime au ridicule il n'y a qu'un pas, kamen auch wir bald aus den Idealregionen philosophischer Dichtung in die Niederungen derber Realität und aus den Stimmungswogen feierlichen Ernstes in das leichte Wellenspiel alltäglicher Komik. Als wir in den Wald eintraten, kam von der Bergseite her lustig den Abhang herabstürmend eine Herde Hornvieh in mutwilligen Sprüngen auf uns zu. Ich suchte davon loszukommen, und Nietzsche, der mein unwillkürliches Erschrecken sah, obzwar sehr belustigt darüber, hob doch ritterlich seinen bekannten steten Begleiter, den grauen Sonnenschirm in die Höhe, sprang hin und her, fuchtelte abwehrend damit herum, während der Hirt die aufgelöste Herde zusammen trieb und bald mit ihr verschwunden war. Zu seiner äußeren Erscheinung, seiner sonst gemessenen ruhigen Haltung, bildeten diese Verteidigungsgebärden einen so frappanten Kontrast, daß auch mir die Komik der Situation bewußt wurde und ich fröhlich in sein Lachen einstimmte.«

Resa von Schirnhofer

❹ Der Stein von Surlej

Nachdem wir das letzte Stück unseres Spaziergangs am Ufer des Sees gegangen sind und sein Ende fast erreicht haben, erhebt sich unmittelbar am See ein pyramidenförmiger Granitblock. Keine Tafel, kein Hinweis erläutert die Bedeutung dieses Steins für Sils-Maria, denn hier wird die Geburtsstätte von Nietzsches *Zarathustra* lokalisiert. Genauer: Der Kerngedanke der ewigen Wiederkunft des Gleichen kam ihm hier. Im *Ecce homo* widmete er seinem Werk einen längeren Abschnitt und schrieb:

»Ich erzähle nunmehr die Geschichte des Zarathustra. Die Grundconception des Werks, der Ewige-Wiederkunfts-Gedanke, diese höchste Formel der Bejahung, die überhaupt erreicht werden kann –, gehört in den August des Jahres 1881: er ist auf ein Blatt hingeworfen, mit der Unterschrift: ›6000 Fuß jenseits von Mensch und Zeit‹. Ich ging an jenem Tage am See von Silvaplana durch die Wälder; bei einem mächtigen pyramidal aufgethürmten Block unweit Surlei machte ich Halt. Da kam mir dieser Gedanke.«

Mißverständlicherweise wird der Felsblock immer wieder als »Zarathustrastein« bezeichnet. Der Grundgedanke

Der Stein von Surlej

des Werkes ist mit dem ersten Aufenthalt in Sils-Maria verbunden, die Idee zur Gestalt Zarathustras aber fiel Nietzsche zwei Jahre später in Rapallo ein, und dort begann er mit der Niederschrift des Werkes, dessen letzter Teil 1891 als Privatdruck erschien. Erst dann setzte die ungeheure Wirkung ein.

Die bereits mehrfach erwähnte heitere Resa von Schirnhofer erzählt auch, wie Nietzsche ihr seine »Lieblings-Ruheplätze« zeigte: »Auch mich, wie vorher und nachher andere seiner Besucher, führte er zum wasserumspülten Felsblock am Ufer des Sees von Silvaplana, dem Zarathustrastein, an jene wundervolle Stelle ernster Naturschönheit, wo dunkelgrüner See, naher Wald, hohe Berge, feierliche Stille ihren Zauber gemeinsam weben. Nachdem ich mich seiner Bitte gemäß auf den ihm ›heiligen Stein‹ gesetzt hatte, fing Zarathustra an, aus der Welt seiner geistigen und emotionellen Hochspannung heraus zu sprechen und goß in dithyrambische Worte gekleidet eine Fülle von Gedanken und Bildern aus. Dann erzählte er mir von der erstaunlichen Raschheit des Entstehens jedes einzelnen Teiles dieses Werkes, betonte das Phänomenale dieser Produktion, Inspiration, der die Niederschrift kaum folgen konnte. In der Art, wie er zu mir darüber sprach, lag kein Zug pathologischen Größenwahns oder auch nur des quasi Normalen – Prahlerei genannt – weder in der Wortwahl seiner Rede noch im Ton derselben, der eher ein naives, grenzenloses Erstaunen, wie über etwas ihm Rätselhaftes verriet und sein ganzes Wesen in schwingende Unruhe versetzte. Dieser Besuch des Zarathustrasteins ist heute noch von ergreifender Realität in meiner Erinnerung.«

Silvaplanersee im Herbst. Ölbild von Ferdinand Hodler. 1907

Die Geschichte ist ein interessanter Beleg für die geradezu kindliche Freude, mit der Nietzsche einige Mitmenschen, zu denen er Vertrauen gefaßt hatte, an seinem Werk, das zu seiner Zeit so wenig Echo fand, teilnehmen ließ.

Wir gehen nun, nachdem wir den Wald hinter uns gelassen haben, über die Wiesen und bleiben dort in der Nähe eines kleinen Hauses stehen.

❺ Blick auf den Silvaplanersee

Auf der diesseitigen Wiese nahe dem Ufer hatte der Schweizer Maler Ferdinand Hodler (1853–1918) im September 1907 seine Staffelei aufgestellt, um sein berühmt gewordenes Ölbild *Silvaplanersee im Herbst* zu malen. Er hatte sich im Hotel »Corvatsch« in Silvaplana einquartiert. Sein Begleiter, der Maler Willy F. Burger, hat die Entstehung geschildert:

»Am nächsten Tag marschierten wir, mit Staffelei und Leinwand wohl versehen, über die weite Ebene von Silvaplana nach Surley. Es war etwa neun Uhr morgens. Ein Tag voll Ruhe und Glanz, voller Freude und Leuchtkraft. Hodler blinzelte immer zum See hin, auf die ruhige Spiegelfläche, die alle Formen des Bergkranzes und der Hänge bewegungslos widerspiegelte.

Kein Laut! – Unsere Schritte auf dem

Teppich der Grasfläche störten nichts. Hodler stand oft still. Am bestimmten Ort legten wir ab.
›Schauen Sie dort – das ist mein Bild. Quand j'ai vu ce lac et cette ligne unique, j'étais décidé. Il est unique, ce lac, le miroir qui réflète tout – une réponse à toutes les formes qui sont l'essentiel de cette composition. Tout le rythme y est. Observez bien: ces lignes sont là – N'oubliez pas la grande ligne! – Mais n'oubliez pas non plus tout ce qui la compose. Il n'en faut rien omettre, pour en garder tout l'intérèt.‹
Das Aufstellen der Feldstaffelei, das Palette-Auspacken, die wenigen Farben darauf bringen, ging im Hui vor sich, ohne dabei ein gemächliches Tempo in all seinen Bewegungen aufzugeben. Ich stellte meine Staffelei frontal zur Schlier-Bergkette, konnte aber seitwärts neben mir, etwa drei bis vier Meter entfernt, Hodler bei der Arbeit gut beobachten.
Die einsame, heilige Stunde ward selten unterbrochen; hie und da ein Wort, kurz, wahr, bündig, das mir jedesmal wie ein Kerbschnitt im Holz saß und unvergeßlich bleibt, kam von Hodlers Lippen, oder drang auch durch seinen Bart als Brummbaß hervor ...«
Acht Engadiner Landschaften hat Ferdinand Hodler gemalt. Sie sind in der geistigen Nachbarschaft Nietzsches entstanden und vermitteln bleibende Eindrücke von der Einzigartigkeit der Alpenlandschaft.
Wir setzen unseren Spaziergang fort und kommen zur Straße, der Via da Surlej, gehen nach rechts und stehen nach drei neuen Häusern vor einem alten Schweizerhaus.

❻ Haus Surlej

Das am Ortseingang von Surlej stehende alte Holzchalet ist das erste »Nietzschehaus«, das eine Verehrerin des Philosophen zwischen 1905 und 1908 baute. Caroline Schmidt-Löbbecke (1859–1939), die Tochter eines Braunschweiger Bankiers, war unglücklich mit einem Offizier verheiratet. Sie stellte sich Elisabeth Förster-Nietzsche in einem Brief vom 10. Oktober 1897 als »Verehrerin Ihres Bruders« vor und fuhr fort:
»Seine hohen Gedanken [haben] auch in ganz fernstehenden Gemüthern Wurzeln geschlagen. Es war für mich ein großartiges Erlebniß, als ich zuerst ein Nietzsche Buch zu lesen bekam, es war zufällig die ›Götzendämmerung‹, ich mochte gar nicht aufhören damit und las mit atemloser Spannung wie im Rausch. Danach war mir zu Muth, als ob ich etwas ganz Großes, Wundervolles erlebt hätte und seitdem habe ich nicht aufgehört, mich an seinem Geist zu erheben und aufzubauen, in allen möglichen Lebenslagen. Denn ich bin Mutter von sechs Kindern, aber bei allen meinen so vielfach wechselnden Zuständen betrachte ich es als den großen Glücksfall meines Lebens, daß ich Nietzsches Schriften kennen lernte. Mit selbstverständlich großem Anteil habe ich auch Ihre Beschreibung seines Lebens gelesen und sehe mit Ungeduld der Fortsetzung entgegen ...«
Im August 1904 – inzwischen war sie mit ihrer Familie nach Freiburg i. Br. umgezogen – besuchte sie zum erstenmal das Oberengadin und wohnte im Hotel »Sonne« in Silvaplana: »In Sils Maria war ich schon«, berichtete sie nach Weimar, »und habe das kleine alte

Schweizerhäuschen gesehen, in dem Ihr Bruder immer wohnte, es ist ein rührend kleines Haus, neben einem großen Hotelkasten mit, nebenbei, unerschwinglichen Preisen. Den Rückweg den See entlang, über Surlej. Nun muß ich Ihnen von einem Plan berichten, der mir gekommen ist, ich weiß nicht wie, aber er stand plötzlich mit allen Einzelheiten fertig vor mir. Nämlich 5 Minuten von hier liegt jenseits des Sees, auf der Silser Seite an einem von Wald und Berg umschlossenen lieblichen Wiesenplan das fast ganz eingefallene und ausgestorbene Dorf ›Surlej‹. Sobald ich die Verhältnisse hier übersah, ... war mir klar, daß dies Surlej jedenfalls noch eine Zukunft hat, denn in Sils ist auch immer Alles überfüllt, bis auf den Heuboden. Da kam mir der Gedanke, daß, wenn man jetzt in Surlej Land kaufen und ein Chalet dahinstellen würde, dies nicht nur einen entzückenden Aufenthalt für unsre Ferienzeit, sondern auch eine vorzügliche Kapitalsanlage abgebe ...«

So entstand in Surlej eine private Erinnerungsstätte an Nietzsche, finanziert und getragen von einer energischen und engagierten Verehrerin, die hier über Jahrzehnte bis zu ihrem Tod 1939 viele Nietzsche-Freunde in den Ferien aufnahm, nicht nur die inzwischen mit ihr befreundete Schwester.

Caroline Schmidt-Löbbecke, die eine begeisterte Musikliebhaberin war, hinterließ ein Manuskript über Nietzsche und Wagner, das ihre Tochter Walburga Strecker-Schmidt posthum mit Unterstützung durch Curt Paul Janz (1986) herausgab.

❼ Surlej

Das alte, am Berghang gebaute Dorf war 1834 durch eine Lawine völlig zerstört worden. Es lag noch zu Nietzsches

Haus Surlej. 1928

Das inzwischen abgerissene Hotel »Waldheim« in Surlej. Um 1950

Zeiten menschenleer und verlassen in Trümmern. Es wurde erst zu Beginn des Jahrhunderts nach und nach neu gebaut und ist heute mit seinen zahlreichen, viele Monate leerstehenden Ferienhäusern ein begehrtes Baugelände an der Talstation der Corvatsch-Bahn.

Wenn man sich am Eingang des Ortes immer links hält, kommt man zu den Häusern am Wald, die heute an der Stelle des Hotels »Waldheim« gebaut worden sind. In diesem Hotel verbrachte der ungarische Komponist Béla Bartók (1881–1945) im Juli/August 1939 einige Ferienwochen. Thomas Mann erinnert sich: »Wo immer ich Béla Bartók sah, mit ihm sprach, ihm lauschte, war ich aufs tiefste berührt, nicht nur von seiner Liebenswürdigkeit, sondern von seinem hohen und reinen Künstlertum, dessen Wesen sich schon in dem schönen Blick seiner Augen ausdrückt.«

Wir gehen die Straße zurück, überqueren die Innbrücke und dann die Uferstraße Maloja-St. Moritz und kommen in den Ort Silvaplana. Wir gehen die Straße hinauf und biegen dann nach rechts ab. Vor dem Hotel »Sonne« steht noch ein Gebäude, das Nietzsche oft betreten hat.

❽ Die Post

Hier nahm Nietzsche seine postlagernden Sendungen in Empfang, hier kam er an, wenn er aus dem Norden – von Naumburg/Leipzig bzw. Zürich – anreiste. Als Resa von Schirnhofer ihn 1884

besuchen wollte, erklärte er ihr die Route: »Notwendig ist, sich einen Coupéplatz (Chur-Silvaplana) bei der Post in Chur auszubestellen, mindestens 8 Tage voraus: der Andrang ist groß. Die Morgenpost geht (wenn ich mich recht erinnere) um 6 Uhr in Chur ab und ist Abends um 5 ungefähr in Silvaplana ... man kann auch Nachmittag von Zürich abfahren und gegen 11 den Anschluß an die Nachtpost in Chur erreichen – in diesem Falle ist man Morgens um 10 in Silvaplana.« (25.7.1884)
Die beschwerliche Fahrt führte durch Tiefencastel über den Julier. Die Rhätische Bahn fährt erst seit 1904 über Landquart und Davos nach St. Moritz: Von dort nimmt man heute das Postauto nach Sils-Maria. Auch kann man selbstverständlich mit dem Auto über Tiefencastel und Bivio über den Julierpaß anreisen, wie es Thomas Mann und Hermann Hesse taten.
Wir kehren um und kommen, geradeaus weitergehend, in die Via Mulins. Nach wenigen Schritten mündet rechts die Straße ein, die vom Julierpaß mitten ins Dorf führt. Ehe wir weitergehen und linker Hand unmittelbar an der Straße zu dem ehemaligen, inzwischen erneuerten Pfarrhaus, der Veglia Chesa da Pravenda, kommen, verweilen wir an der Kreuzung.

Die Post in Silvaplana zur Zeit Nietzsches

Conrad Ferdinand Meyer und seine Schwester Betsy in Silvaplana. 1866

❾ Die Via da Giuglia

Hier also endet die Paßstraße, die vom Julierpaß herunterführt. An dieser Stelle erreichte Heinrich Waser, der Freund von *Jürg Jenatsch* in der gleichnamigen »Bündnergeschichte« von Conrad Ferdinand Meyer, 1874 erschienen – vom Julier kommend, »das erste Engadinerdorf« – Silvaplana.

»Waser drückte seinen Filz tiefer in die Stirn, schnallte sein Ränzchen fester und sprang, am jetzt steil werdenden Abhange die weiten Windungen des Saumpfades kürzend, eilig abwärts. Erst überschritt er die Wurzeln blitzgeschwärzter, seltsam verdrehter Arvbäume und die harten Rinnen ausgetrockneter Wildbäche, dann trat er weichen Rasen und plötzlich lag das sammetgrüne Engadin geöffnet ihm zu Füßen mit seinen am blitzenden Inn wie ein Geschmeide aufgereihten Bergseen. Aber es war ein letzter Sonnenstrahl zwischen Wolken, der es erhellte und talabwärts in lichter Ferne über dem See und den Weiden von St. Moritz regenbogenfarbig spielte.

Dem Niedersteigenden gegenüber ragte eine kahle dunkle Pyramide empor und daneben talaufwärts ein ebenso hoher mit grünschimmernden Gletschern behangener Grat. Hinter dem Joche, das sie verband, braute sich das Gewitter und drängte seine leise donnernden Wolken durch die Lücke, in der noch zuweilen grell ein entferntes Schneehaupt auftauchte.

Zur Rechten des Wanderers maskierten die Berge der andern Talwand jene steile Felstreppe, die fast plötzlich durch ein tief eingeschnittenes Tal aus der leichten Bergluft in die Hitze Italiens hinunterführt. Dort hinter der Maloja quollen, vom Südwinde heraufgejagt, die schwülen Dünste wie ein Nebelrauch hervor über die feuchten Wiesen von Baseglia Maria, dessen weiße Türme hinter einem Regenschleier kaum noch sichtbar waren.

Jetzt erreichte der Saumpfad das erste Engadinerdorf, eine Gasse fester Häuser, die mit ihren Strebepfeilern und vergitterten Fensterluken kleinen Festungen glichen. Aber der junge Zürcher klopfte an keine der schweren Holztüren, sondern beschloß trotz der Dämmerstunde auf der Talstraße längs der Seen rüstig südwärts zu schreiten. Sein Vorsatz war, im Hospiz der Maloja zu nächtigen, um in der Frühe des nächsten Tages über den Murettopaß nach dem Veltlin aufzubrechen; denn – Herr Pompejus hatte es erraten – es verlangte ihn, und jetzt mehr als je, seinen Schulfreund Jenatsch zu umarmen ...«

So beschreibt Conrad Ferdinand Meyer den Weg von Silvaplana am See entlang, vorbei an den feuchten Wiesen von Baselgia Maria – damit war Sils gemeint – nach Maloja. Der Schweizer Dichter hatte sorgfältig recherchiert, als er sich 1866 in Graubünden aufhielt. Mit seiner Schwester Betsy kam er über den Julierpaß ins Engadin und machte von Silvaplana aus, wie überliefert ist, Ausflüge ins Fextal, nach Maloja und ins Bergell. Viele Gäste reisen – früher mit der Kutsche, heute mit dem Auto – über den Julierpaß, so auch Hermann Hesse auf seiner Rückreise im August 1949 nach dem ersten Wiedersehen mit Sils-Maria:

Postauto auf der Fahrt über die Julierpaßstraße. Um 1925

Im Auto über den Julier

Stein-Öde, Trümmerfelder tot,
Dünnfarbige Algen grün, grau, rot,
Felsgipfel steil ins Graue drängend,
Gewölk die Grate überhängend,
Kaltfeindlich scharf der mürrische Wind,
Moorwasserlachen stumm und blind,
An bleichen Wänden frische Wunden
Blutbraun und schorfig, felsgeschunden.
Müd aber streng und scharfgeschnitten
Zieht lang der Straße Band inmitten,
Einst Heer- und Pilgerweg, und jetzt
Von schnurrenden Maschinen abgewetzt
Mit Menschen drin, die alles hätten,
Sich aus dem Lärm ins Sommerglück zu retten,
Nur keine Zeit, nur keine Zeit.
Wir hasten mit, es ist noch weit
Bis Bivio, bis Chur, Paris, Berlin,
Wir hasten auf der hageren Straße hin,
Wir sehen grat-entlang die Wolken ziehn,
Das Steingeröll mit blinden Wasserlachen;
Die graue Kühle will uns schauern machen,
Doch die Maschine reißt uns ohne Gnade
Hinan, hinab, hinweg. Heroisch hart
Ins Grau empor die steile Steinwelt starrt.
Wir fliehen, fliehen, und wir fühlen: »schade ...«

Das alte Pfarrhaus (rechts) in Silvaplana

⑩ Das Pfarrhaus

Es steht gegenüber der spätgotischen Kirche aus dem Jahre 1491. In der langen Reihe der reformierten Prediger von Silvaplana gab es einige bedeutende Persönlichkeiten, z. B. den Pfarrer Peter Johannes Büsin (1632–1685), der im 17. Jahrhundert als barocker Dichter zum »poeta laureatus« gekrönt wurde, und zur Zeit der Französischen Revolution den Feuerkopf Heinrich Bansi (1754–1835), der wegen seiner demokratischen Haltung sein Pfarramt hatte aufgeben müssen. Zu Nietzsches Zeit bewohnte der reformierte Pfarrer Dominic Riz à Porta (1825–1909) mit seiner Frau und den zwischen 1874 und 1879 geborenen vier Kindern, zwei Söhnen und zwei Töchtern, das Haus. Der Pfarrer, aus Sarn gebürtig, wohin er nach seiner Pensionierung zurückging, hatte von 1847–1850 in Basel und Halle Theologie studiert und wurde 1851 ordiniert. Von 1879–1898 wirkte er als Pfarrer in Silvaplana, nach dem Tod seines Amtskollegen 1885 gleichzeitig in Sils-Maria. Er war eine humorvolle, in seiner Gemeinde sehr beliebte Persönlichkeit.

Daß Nietzsche den Pfarrer auf seinen Spaziergängen oft besuchte, wird in einem anonymen Artikel von 1910 erzählt. Auch wenn es möglicherweise ein apokrypher Text ist, schildert er sehr anschaulich die damaligen Verhältnisse: »Nietzsche pflegte Einkehr zu halten bei dem damaligen Pfarrer von Silvaplana, der mit seiner Familie eine Fremdenpension hielt und seinerzeit noch ein recht rüstiger Vertreter des Hegelschen Standpunkts war, den er sich von der Hallenser Studienzeit her gefestigt hatte. Die Familie hatte von Nietzsche den Eindruck eines etwas schrullenhaften, aber höchst herzlichen und liebenswürdigen Menschen. Etwas professorenmäßig kam er in den ersten Sommern heran; äußerlich nicht gerade sehr gepflegt, noch geschmackvoll: eine Ledertasche, die seine Papiere trug, wie eine Botanisiertrommel umgeschnallt, einen weißbaumwollenen blau oder grün gefütterten Schirm wie ein Gewehr auf der Schulter; aber trotzdem in gebücktem Gange, der Leiden und Nachdenken verriet; und schon damals mit dem melancholisch hängenden Schnurrbart, in dem ein großer Teil der Menschheit das Wesen seiner Genialität erblickt. Auch in der Ernährung war Nietzsche damals etwas eigen; er hat bekanntlich immer an ihr herumversucht. Von der Pfarrerfamilie ließ er sich nachmittags Polenta kochen, der ein Stück süße Butter beigegeben wurde. Dieses übrigens gar nicht üble und recht nahrhafte Gericht legte er, wenn es kaltgeworden, zu den Schriften in die Ledertasche und nahm es mit nach Sils, wo er es abends und morgens zu heißer Milch verspeiste. Die Vermutung, daß sich in derartigen Gewohnheiten nicht nur etwas Unbeholfenes, sondern auch Dürftigkeit ausdrückte, ist nur insofern richtig, als Nietzsche in jenen Jahren, nach der Amtszeit auf die frühe Pension angewiesen, die ihn zudem drückte, und in der (berechtigten) Befürchtung, er müsse später einmal seine Schriften selbst drucken, über die Maßen sparsam lebte. Dies wurde ihm durch seinen asketischen Grundbetrieb erleichtert. In ihm ging er damals soweit, der Pfarrerfamilie vorzuschlagen, sie möge ihm für den Winter ein Zimmer des (unbewohnten und ungeheizten) Hauses überlassen; der Mensch könne doch ganz spartanisch leben oder wie Diogenes, worauf ihm die Frau Pfarrer weltklug erwiderte: ›Nun, Herr Professor, leben Sie mal in einem Faß.‹ Seinen Kaffee nahm Nietzsche in dem kleinen gemütlichen Salon, wo er entweder stundenlang das beim Wandern Ersonnene niederschrieb, oder mit dem Herrn Pfarrer, der neben seinem Hegel auch seinen lieben Gott hatte, ›aneinander kam‹. Dabei blieb er aber, wie immer im persönlichen Verkehr, durchaus herzlich und vornehm. Er war nicht, wie man denken könnte, stolz zurückhaltend oder peinlich reserviert, liebte vielmehr wie auch Richard Wagner das gutmütig redselige Geplauder nach Leipziger Art; er war zutunlich, auch zu den Pfarrerskindern, die von Anfang an die Hand kriegten. Man hatte ihn gern und ließ ihn nicht, wenn einer fehlte, ohne angenähten Knopf heimgehen ...«

Inzwischen ist das alte Pfarrhaus ein Privathaus. Der Pfarrer hat eine neue Wohnung bezogen.

Pfarrer Dominic Riz à Porta

Die Mercerie von Eduard Gaudenzi. 1913

⓫ Das Haus von Eduard Gaudenzi

Neben dem früheren Pfarrhaus befindet sich eine alte, heute geschlossene Weinhandlung. Hier wohnte der Weinhändler und Hobbymaler Eduard Gaudenzi (1881–1968), dessen Grab auf dem nahen Friedhof zu finden ist. Er war wie Samuele Giovanoli Autodidakt. Von ihm heißt es, daß er manche seiner meist kleinformatigen Bilder wie im Rausch gemalt habe. Sie sind wegen ihrer Originalität inzwischen von den heimischen Kunsthistorikern entdeckt worden.

Wir setzen unseren Weg bis zum Bach unweit des Ortsausgangs fort und gehen nach rechts einige Meter hinauf und finden den Höhenweg durch den Wald oberhalb des Silvaplanersees in Richtung Sils-Maria. Nietzsche dagegen nahm die alte Landstraße, die unten am Wasser entlangführt und heute eine vielbefahrene Autostraße ist.

Bei dem Wegweiser, der nach Sils-Maria zeigt, kommen wir, an einem Gehöft vorbeigehend, auf die frühere alte Straße, die durch ein Neubaugebiet in unseren Ort führt. Nach etwa 2 ¹/₂ Stunden gelangen wir so zurück zur Chesa Cumünela.

Sils-Maria mit Fextal. 1920

Vierter Spaziergang
Im Fextal

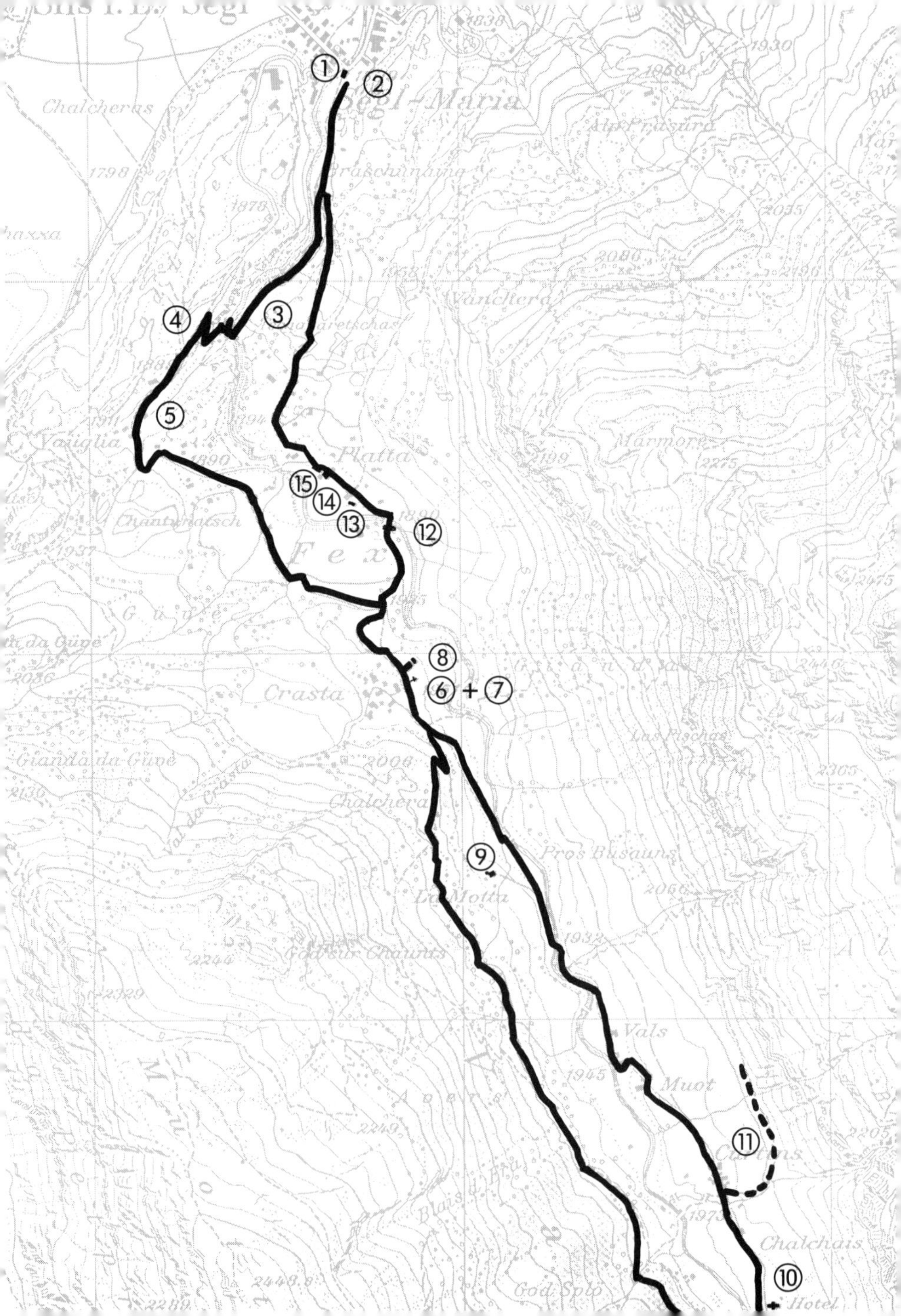

Chalcheras
Segl-Maria
Vanchera
Platta
Marmore
Vauglia
Chantarsatsch
Fex
Crasta
Giandà da Güve
Chalchera
Pros Busauns
La Motta
God sur Chaunts
Vals
Muot
Chalchais
God Spio
Hotel
1
2
3
4
5
6 + 7
8
9
10
11
12
13
14
15

Wieder treffen wir uns an der Chesa Cumünela. Diesmal wollen wir Nietzsches Lieblingsspaziergang folgen: »Morgens lief ich um den See von Silvaplana herum, Nachmittags war ich hinten im Fextal.« (11. 8. 1888) Marie von Bradke schrieb: »Er liebte die milde, grandiose Natur des Fextales, die ihn begeisterte und beflügelte.«

❶ Der Platz vor der Chesa Cumünela

Der Platz hat sich seit Nietzsches Zeiten sehr verändert. Dort, wo heute die Pferdegespanne warten, floß das Wasser des Fexbachs. Die damals darüberführende Brücke ist heute in eine Überbauung des Gebirgsbachs so einbezogen, daß man nur noch neben dem Häuschen mit dem »Bazar« – auch dieses gab es am Ende des 19. Jahrhunderts noch nicht – das reißende Wasser, das heute gezähmt worden ist, beobachten kann. Als Nietzsche im Herbst 1888 abreisen wollte, war der Fexbach über seine Ufer getreten, der Platz und Teile des Ortes überschwemmt. Der Philosoph war in Panik: »Daß der Schluß meines Silser Aufenthalts mir noch die schwerste Geduldsprobe auferlegen würde, habe ich mir nicht träumen [lassen]. Ein unerhörtes Hochwasser-Wetter seit einer Woche; Alles überschwemmt; Tag und Nacht strömt es, mit Schnee untermischt. In 4 Tagen allein sind 220 Millimeter Niederschlag gefallen (während der Monats-Durchschnitt hier 80 mm zu sein pflegt).« (12. 9. 1888)
Das ganze Engadin war übrigens betroffen, und Nietzsche dramatisierte die Lage auf einer Postkarte an Meta von Salis:

Mittwoch 12. Sept. 1888
Verehrtes Fräulein
ein letzter Gruß aus Sils, zugleich um Ihnen von unsrer Wassernoth zu erzählen. Die letzte Woche war die größte Geduldsprobe dieses Sommers (– was viel sagen will!) es goß Tag und Nacht in Strömen, zeitweilig mit Schnee untermischt. Die Seen sind übervoll, hier und da bis auf die Straße hinauf. Die Halbinsel ist eine ganze Insel; das Thal von Samaden stellt einen großen See dar. Eben versuchte ich den Waldweg an der Säge vorbei: er hatte einen Reiz mehr – man gieng längere Zeit direkt am Wasser (– der See erschien viel größer). Die Eisenbahn Colico-Chiavenna soll zum Theil durch das Wasser entfremdet sein. – Hr. Caviezel bezeichnete uns das Quantum Niederschlag der letzten 4 Tage auf 220 Millimeter (während das normale Quantum eines ganzen Monats 80 ist) Sonntag Abreise nach Torino. – Meine ergebensten Empfehlungen und Wünsche Dr. N.

Durch die Regulierung des Fexbaches ist heute die Gefahr der Überschwemmung gebannt. Doch noch am 10. August 1951 schrieb Hermann Hesse seiner Schwester: »Wir haben unsägliche Gewitter-Regengüsse gehabt, und so wie Graubünden und Tessin im Winter immer wieder von Lawinen heimgesucht wurden, so jetzt vom Wasser ... Am Tage nach der ersten Wolkenbruchnacht, als Ninon morgens mit dem Wagen ins Dorf hinunter fuhr, fand sie den Dorfplatz von Sils überschwemmt, die Postautos hatten umkehren müssen. Am Nachmittag hatten wir eine schöne Verabredung: wir sollten Edwin Fischer ab-

Hedwig Kym. Um 1895

holen. Wir kamen durch, der Fexbach war von der Silser Feuerwehr bewacht und teilweis abgedämmt, wir kamen gut durch, holten Fischer ab und hatten mit ihm im Haus von Bekannten ein paar gute Stunden, 2 Std. spielte er uns Bach (u. a. eine mir unbekannte tolle Jugendphantasie), Mozart und Beethoven.«
Trotz des Hochwassers kam Hesse also zu seinem Kunstgenuß.

Wir überqueren den gezähmten Fexbach, der an einem nahe der Brücke stehenden Haus vorbeifließt.

❷ Chesa de la Punt

Nur der vordere Teil dieses Doppelhauses, das 1592 erbaut wurde, hat noch seine frühere Gestalt. In diesem Haus wohnte die schon mehrfach erwähnte Meta von Salis, als sie Nietzsche im Sommer 1887 und 1888 besuchte. Das erste Mal, 1886, hatte sie sich mit ihrer Mutter und ihrer Freundin Hedwig Kym aus Zürich in der »Alpenrose« einquartiert. Über den Besuch im Sommer 1887 – wiederum mit ihrer Freundin – schreibt sie ausführlich in ihrem Nietzsche-Buch. Sie hat die damalige Stimmung in Sils-Maria eingefangen:

»Gegen Ende Juli begab auch ich mich mit einer Freundin nach Sils. Der Sommer war außerordentlich heiß. Selbst dort oben, so nahe an der Grenze des ewigen Schnees, blieb man über die Mittagstunde am liebsten im Haus. Die wilde Flora stand üppiger als je: in dichten Büscheln faßte die große, weiße Wucherblume den Wiesenpfad auf der Halbinsel ein; zwischen Isola und Sils leuchteten die Unterhölzer von Alpenrosen: weiter oben auf den sumpfigen Bergwiesen dufteten die braunen Nigritellen zwischen den silberhaarigen Wollgräsern hervor und Dryaden und Saxifragen spotteten des lebensfeindlichsten Gesteins.

Die beiden Hotels waren voll von Gästen, und fast jede Familie im Dorfe hatte Zimmer vermietet. Wir wurden in einem stattlichen Engadinerhaus diesseits der Brücke über den Fexbach und dicht an der Fahrstraße in's Fexthal untergebracht. Vortreppe und Fenster standen voll Topfpflanzen, von den freundlichen Besitzerinnen mit unverdrossener Sorgfalt durch den grimmigen Winter gepflegt. Auch hier brachte die herrliche Sonne Belohnung im Überfluß: in jeder Scherbe blühte Etwas. Ein Rosenstrauch vor Allem trug zwei Rosen von einer Vollkommenheit der Form, der Farbe und des Wohlgeruchs, wie man sie bei den begünstigteren Brüdern im Thal nicht findet. Nietzsche ist vor diesen Kindern der Höhe, der reinen Luft und

Sonnennähe, vor diesen Ueber-Rosen manchmal stehen geblieben. Nietzsche wohnte im gleichen Hause wie früher, jenseits der Brücke, und kam fast jeden Morgen und zuweilen auch Nachmittags zu uns herüber: bei schönem Wetter und mäßiger Hitze, um uns zum Spaziergang abzuholen, sonst zu traulichem Gespräch im Zimmer. Wenn er einen ganzen Tag ausblieb, so war er krank. Das war damals nicht oft der Fall und das Wetter blieb mit wenig kurzen Unterbrechungen während der sieben Wochen meiner Anwesenheit glorreich schön.

Bis Mitte August schwirrte und wimmelte es im Dorf und seiner näheren Umgebung von Erwachsenen und Kindern, aber Sils liegt eingebettet in einer solchen Fülle von näheren und entfernteren schönen Punkten, daß man auch in der höchsten Saison einsame Wanderziele zur Auswahl hat.«

Wir gehen den Wiesenweg entlang, der allmählich zu einem Felsweg wird. Rechts neben uns rauscht der Fexbach. Nach kurzer Zeit finden wir einen Pfad, der abwärts führt.

❸ Der Schluchtweg

Der wildromantische Weg ans Ufer des reißenden Bachs führt heute zu einem Wehr, das das stürzende Wasser von dem dahinter gelegenen Wasserfall abfängt und reguliert, so daß der Fexbach im Ort nicht mehr über die Ufer tritt. Man kann sich vorstellen, daß dieser Schluchtweg mit dem ungebändigten Gebirgsbach Nietzsches Phantasie anregte. Er soll diesen Weg gern gegangen sein, der über einen Steg auf der anderen

Chesa de la Punt

Seite des Baches wieder ansteigt, wo man die Höhe Laret erreicht.
Einige Male besuchten Studienfreunde, Baseler Kollegen und junge Verehrer den »Einsiedler von Sils-Maria«. Einer von ihnen war der junge, hochbegabte Philosoph Heinrich von Stein (1857–1887), der mit 20 Jahren unter Eugen Dühring promoviert hatte, dann als Erzieher im Haus Richard Wagners tätig war und zu dessen engem Freundeskreis gehörte, seit 1881 in Halle unterrichtete und sich im Juli 1884 habilitierte. Vier Wochen später, Ende August, besuchte der 27-jährige, hochaufgeschossene Gelehrte Nietzsche für drei Tage in Sils-Maria. Man ging an einem der sonnenhellen Tage acht Stunden spazieren, und Nietzsche war begeistert, endlich einen »Jünger« gefunden zu haben.
»Stein war 3 Tage hier: das ist ein Mann nach meinem Herzen! Er hat mir aus freien Stücken versprochen, so bald er frei wird d. h. so bald sein Vater nicht mehr lebt, dem zu Liebe er es im Norden aushält, zu mir nach Nizza überzusiedeln.« So an Malvida von Meysenbug (1. 9. 1884) und vierzehn Tage später, am 14. 9. 1884, an Franz Overbeck:
»Das Erlebniß des Sommers war der Besuch Baron Stein's (er kam direkt aus Deutschland für 3 Tage nach Sils und reiste direkt wieder zu seinem Vater – eine Manier, in einen Besuch Accent zu legen, die mir imponirt hat). Das ist ein prachtvolles Stück Mensch und Mann und mir wegen seiner heroischen Grundstimmung durch und durch verständlich und sympathisch. Endlich, endlich ein neuer Mensch, der zu mir gehört und instinktiv vor mir Ehrfurcht hat! Zwar einstweilen noch trop wagnerisé, aber durch die rationale Zucht, die er in der Nähe Dührings erhalten hat, doch sehr zu mir vorbereitet! In seiner Nähe empfand ich fortwährend auf das Schärfste, welche praktische Aufgabe zu meiner Lebens-Aufgabe gehört, wenn ich nur erst genug jüngere Menschen einer ganz bestimmten Qualität besitze! ...«
Zu den tragischen Ereignissen in Nietzsches Leben gehört der Tod Steins drei Jahre später, einen Tag, nachdem der Senat der Berliner Universität dem für ihn neugeschaffenen Lehrstuhl für Ästhetik zugestimmt hatte. Die Nachricht erreichte Nietzsche in Sils-Maria:
»Ich bin innewendig immer noch ganz außer mir. Heinrich von Stein ist todt: ganz plötzlich, Herzschlag. Ich habe ihn wirklich geliebt; es schien mir, daß er mir aufgespart sei für ein späteres Alter. Er gehörte zu den ganz wenigen Menschen, an dessen Dasein ich Freude hat-

Heinrich von Stein

Der Schluchtweg. 1920

ORELL FÜSSLI

Blick von der Larethöhe auf Sils-Maria zur Zeit Nietzsches

te; auch hatte er großes Vertrauen zu mir. Er sagte noch zuletzt, in meiner Gegenwart kämen ihm Gedanken, zu denen er sonst nicht den Muth fände; ich ›befreite‹ ihn. Und was haben wir hier oben zusammen gelacht! Er stand im Rufe, nicht zu lachen. Sein zweitägiger Besuch hier in Sils, ohne Nebenabsichten von Natur und Schweiz, sondern direkt von Bayreuth hierher kommend und direkt von mir zu seinem Vater nach Halle zurückreisend – ist eine der seltsamsten und feinsten Auszeichnungen, die ich erfahren habe. Es machte hier Eindruck; er sagte im Hôtel: ›ich komme nicht wegen des Engadin‹.« (An Peter Gast, 27. 6. 1887)

❹ Auf der Larethöhe

Wir stehen hoch oberhalb des Baches und haben einen unerhört schönen Blick auf das sich vor uns ausdehnende Fextal. Vom »Waldhaus« kommend, haben die Gäste diese Aussicht immer wieder genossen: Bruno Walter und Otto Klemperer, Thomas Mann und Theodor Adorno, Theodor Heuss und Carl Jacob Burckhardt und viele, viele andere.

Der alte Hermann Hesse, der oft krank in seinem Hotelzimmer lag, liebte diese Aussicht. Über eine Begegnung mit dem auch schon betagten großen Verleger des deutschen Expressionismus, Kurt Wolff, an dieser Stelle im August 1951 hat er berichtet:

»Gestern Morgen spazierte ich mit Ninon ein kleines Stückchen ins Fextal, direkt hinter unsrem Hotel. Diesen selben Weg, nur viel weiter, bin ich einst vor etwa 45 Jahren in einem Kütschchen mit Pferden gefahren mit Papa und Mama S. Fischer, Holitscher und dessen Frau. Nun, wir krochen unsern kleinen Gang, und einmal blieb ich stehen und blickte zurück, etwas besorgt, wir könnten schon zu weit gegangen sein und der Rückweg mühsam werden. Da spazierte eine kleine Strecke hinter uns ein schlanker großer hagerer Mann mit einer kleinen munteren Frau, und ich sagte zu Ninon: ›Schau, das könnte beinah Kurt Wolff sein.‹ Er kam näher und war es, erkannte auch uns sofort, war Tags zuvor in Montagnola gewesen, hatte aber keine Ahnung davon, daß wir im Engadin seien. Wir saßen eine halbe Stunde beisammen im Gras, er ist eben von Amerika gekommen, nur für wenige Wochen.«

❺ Auf der Straße ins Fextal

Nur wenige Schritte trennen uns von der Fahrstraße, die von dem Platz vor der Chesa Cumünela am »Schweizerhof« und dem »Waldhaus« vorbeiführt und sich von der Höhe ins Fextal schlängelt. Wer nicht wandert oder spazierengeht, kann noch heute ein Pferdefuhrwerk zu dem beliebten Ausflugsziel nehmen. Die Wintergäste aus St. Moritz machten früher hierher eine Schlittenfahrt, so auch der österreichische Schriftsteller Karl Kraus (1874–1936), der Herausgeber der politisch-satirischen Zeitschrift *Die Fackel* und Verfasser der erschütternden Dichtung über den Krieg *Die letzten Tage der Menschheit*. Im Januar und Februar 1916 war Kraus gemeinsam mit Sidonie Nádherný von Borutin Gast in St. Moritz. Die Freundin notierte: »Eine gemeinsame Schlittenfahrt reinsten Glücks von St. Moritz, wo er den Winter

Sidonie von Nádherný. 1916/17

mit mir im Chalet Manin sur verbrachte, ins Fexthal.« Dort entstand das bekannte Gedicht, das das Glück der unberührten Winterlandschaft zum Ausdruck bringt:

Fahrt ins Fextal

Als deine Sonne meinen Schnee
beschien,
ein Sonntag wars im blauen Engadin.
Der Winter glühte und der Frost war
heiß,
unendlich sprühten Funken aus dem Eis.
Knirschend ergab sich alle Gegenwart,
Licht tanzte zur Musik der
Schlittenfahrt.
Wir fuhren jenseits aller Jahreszeit
irgendwohin in die Vergangenheit.
Was rauh begonnen war, verlief uns
hold,
ein Tag von Silber dankt dem Strahl von
Gold.
Der Zauber führt in ein versunknes
Reich.
Wie bettet Kindertraum das Leben
weich!
Voll alter Spiele ist das weiße Tal;
die Berge sammeln wir wie Bergkristall.
Trennt heut die Elemente keine Kluft?
Ein Feuerfluß verbindet Erd' und Luft.
Wir leben anders. Wenns so weiter geht,
ist dies hier schon der andere Planet!
Ins Helle schwebend schwindet aller
Raum.
So schwerlos gleitet nach dem Tod der
Traum.
Nicht birgt die Zeit im Vorrat uns ein
Weh.
Bleicht sich das Haar, so gibt es guten
Schnee.
Uns wärmt der Winter. Leben ist ein
Tag,
da Silvaplanas Wind selbst ruhen mag.

Karl Kraus

Kirche im Fextal zur Zeit Nietzsches

Nicht Ziel, nur Rast ist's, die das Glück
sich gab,
hält einmal dieser Schlitten vor dem
Grab.

Die Fahrt von St. Moritz ins Fextal war unter den illustren Gästen des Engadins berühmt: Arthur Schnitzler, Jakob Wassermann, René Schickele berichten darüber. Letzterer notierte am 4. Februar 1918: »Lunch in Fex, dann auf den Skiern hinab, über Schneefelder durch den Wald und eine kurze Strecke über den See zur Konditorei Hanselmann in Sils-Maria.«

Wir wandern die Straße entlang und kommen weit hinten im Tal in die kleine alte Ansiedlung Crasta.

❻ Kirche Fex Crasta

Die winzige romanische Kirche, auf einem Hügel im Tal gelegen, mit einer halbrunden Apsis und eindrucksvollen Wandmalereien aus dem 15. Jahrhundert, ist ein Wahrzeichen des beliebten Fextals. Auch Nietzsche liebte den Ausblick auf den Fexgletscher, selbst an trüben Tagen. Meta von Salis erzählt: »Am folgenden, für mich letzten, Tage in Sils war der Morgen trübe. Wir gingen durch die Schlucht und über die feuchten Bergwiesen jenseits derselben auf dem Wege nach Fex bis in die Nähe der kleinen Kirche. Die Landschaft dort oben behält einen großartigen Charakter auch unter grauem Himmel, nur die Lieblichkeit, der Schmelz der Farben geht verloren. Nietzsche bedurfte der hellen und trockenen Witterung, um

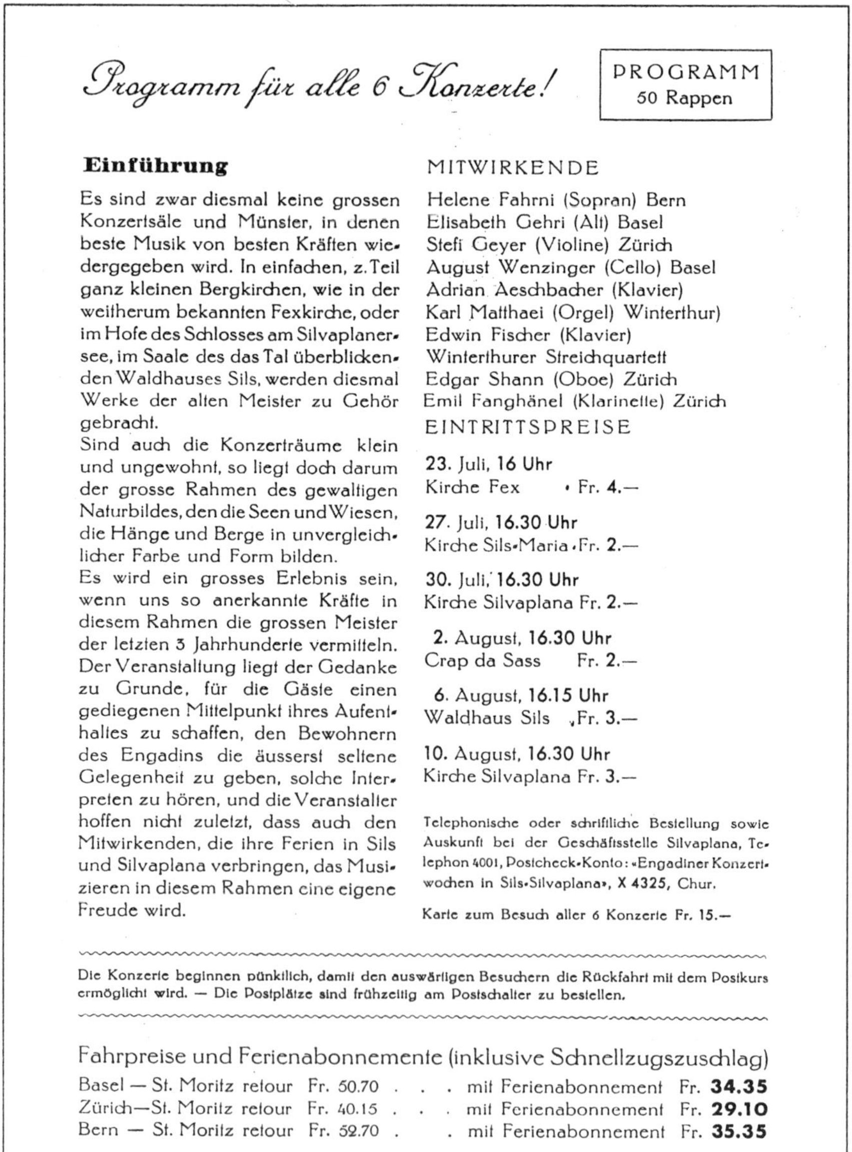
Programm für alle 6 Konzerte!

PROGRAMM
50 Rappen

Einführung

Es sind zwar diesmal keine grossen Konzertsäle und Münster, in denen beste Musik von besten Kräften wiedergegeben wird. In einfachen, z. Teil ganz kleinen Bergkirchen, wie in der weitherum bekannten Fexkirche, oder im Hofe des Schlosses am Silvaplanersee, im Saale des das Tal überblickenden Waldhauses Sils, werden diesmal Werke der alten Meister zu Gehör gebracht.
Sind auch die Konzerträume klein und ungewohnt, so liegt doch darum der grosse Rahmen des gewaltigen Naturbildes, den die Seen und Wiesen, die Hänge und Berge in unvergleichlicher Farbe und Form bilden.
Es wird ein grosses Erlebnis sein, wenn uns so anerkannte Kräfte in diesem Rahmen die grossen Meister der letzten 3 Jahrhunderte vermitteln.
Der Veranstaltung liegt der Gedanke zu Grunde, für die Gäste einen gediegenen Mittelpunkt ihres Aufenthaltes zu schaffen, den Bewohnern des Engadins die äusserst seltene Gelegenheit zu geben, solche Interpreten zu hören, und die Veranstalter hoffen nicht zuletzt, dass auch den Mitwirkenden, die ihre Ferien in Sils und Silvaplana verbringen, das Musizieren in diesem Rahmen eine eigene Freude wird.

MITWIRKENDE

Helene Fahrni (Sopran) Bern
Elisabeth Gehri (Alt) Basel
Stefi Geyer (Violine) Zürich
August Wenzinger (Cello) Basel
Adrian Aeschbacher (Klavier)
Karl Matthaei (Orgel) Winterthur)
Edwin Fischer (Klavier)
Winterthurer Streichquartett
Edgar Shann (Oboe) Zürich
Emil Fanghänel (Klarinette) Zürich

EINTRITTSPREISE

23. Juli, 16 Uhr
Kirche Fex · Fr. 4.—

27. Juli, 16.30 Uhr
Kirche Sils-Maria · Fr. 2.—

30. Juli, 16.30 Uhr
Kirche Silvaplana Fr. 2.—

2. August, 16.30 Uhr
Crap da Sass Fr. 2.—

6. August, 16.15 Uhr
Waldhaus Sils Fr. 3.—

10. August, 16.30 Uhr
Kirche Silvaplana Fr. 3.—

Telephonische oder schriftliche Bestellung sowie Auskunft bei der Geschäftsstelle Silvaplana, Telephon 4001, Postcheck-Konto: «Engadiner Konzertwochen in Sils-Silvaplana», X 4325, Chur.

Karte zum Besuch aller 6 Konzerte Fr. 15.—

Die Konzerte beginnen pünktlich, damit den auswärtigen Besuchern die Rückfahrt mit dem Postkurs ermöglicht wird. — Die Postplätze sind frühzeitig am Postschalter zu bestellen.

Fahrpreise und Ferienabonnemente (inklusive Schnellzugszuschlag)

Basel — St. Moritz retour	Fr. 50.70 . . .	mit Ferienabonnement	Fr. **34.35**
Zürich—St. Moritz retour	Fr. 40.15 . . .	mit Ferienabonnement	Fr. **29.10**
Bern — St. Moritz retour	Fr. 52.70 . .	mit Ferienabonnement	Fr. **35.35**

Ankündigung des 1. Programms der Engadiner Konzertwochen. 1941

sich wohl zu fühlen, wie denn nach meiner Erfahrung die Gleichgültigkeit gegen das Wetter stumpfe oder perverse Instinkte verräth, verkommen in der frivolen, oder spießbürgerlichen oder politisch-giftigen Luft der Salons, der Wohn- und Kinderstuben oder Versammlungslokale. Der herbstlich düstern Stimmung der Natur entsprach heute eine leise Schwermut Nietzsche's.«

In der Kirche Fex Crasta fand am 23. Juli 1941 das erste Konzert der damals begründeten und auch heute noch beliebten Engadiner Konzertwochen statt, die der Pfarrer von Silvaplana, Ernst Schulthess-Waeffler (1899–1990), ins Leben rief. Viele berühmte Musiker kamen so ins Engadin und die meisten auch nach Sils-Maria.

Christian Klucker

❼ Das Grab von Christian Klucker

An der Friedhofsmauer der kleinen Kirche findet man einen Grabstein mit einer rätoromanischen Inschrift:

In memoria
da nos
Christian Klucker
Guida
1853–1928
da Secziun Bernina
dal C. A. S. ed amihs
dal A. C. d'Inghilterra

Ernst Jenny, der 1931 Kluckers *Erinnerungen eines Bergführers* herausgab, schreibt: »Nun weißt du, wenn dir die Geschichte des Alpinismus nur ein wenig vertraut ist: Hier ruht einer der allerbesten Bergführer aller Zeiten. Dann wandre durch das Fextal und trinke seine eigenartige stille Schönheit mit vollen Zügen, vom Wiesengrün und Blumenschmelz bis hinauf zu den weißen Höhen des Chapütschin, des Tremoggia und Fora. Wende dich um! Zu deinen Füßen leuchten die Seen von Sils und Silvaplana und hoch hinten ragen die Felsburgen des Lagrev und Polaschin. Der Fexbach plaudert neben dir, und in der Tiefe rauscht der Inn am schlanken Kirchturm von Sils Baseglia vorbei. Das ist die Heimat Christian Kluckers, hier ist er aufgewachsen. Keine beengende Landschaft mit unbedeutendem Horizont, im Gegenteil, etwas Beruhigendes, Großzügiges hat sie.«

In der Tat war Christian Klucker – im Fextal geboren – eine naturverbundene

Persönlichkeit. Der Postbedienstete war als Bergführer weit über das Engadin hinaus bekannt. Er hat viele Gebirgsgipfel, vor allem in den südlichen Bergeller Alpen, zum erstenmal bestiegen und hat unzählige Bergsteiger als erfahrener und kundiger Bergführer begleitet, darunter den schon erwähnten Theodor Curtius (vgl. Seite 30ff.). Noch mit 74 Jahren erklomm Klucker im Sommer und Herbst 35 Gipfel. Er wirkte im Gemeinderat mit, kämpfte für die Erhaltung der Landschaft, pflegte den Alpengarten »Muot Marias« und stand mit vielen Menschen im Briefwechsel. Freunde überredeten ihn, seine Erinnerungen niederzuschreiben, was er unter Ächzen und Stöhnen tat. Sie blieben unvollendet, wurden aber nach seinem Tode veröffentlicht und sind noch heute ein lesenswertes Buch für alle Gäste Sils-Marias und alle, die auf seinen Spuren die Gebirgslandschaft erobern.

Friedrich Dürrenmatt

❽ Hotel »Zur Sonne«

Der 1910 eröffnete Gasthof ist ein sommers und winters beliebtes Ausflugslokal. Man genießt von der herrlichen Sonnenterasse den Blick über die Wiesen des Tals, das von abwechslungsreichen Bergrücken begrenzt wird, hin zu dem in der Ferne leuchtenden Fexgletscher.

Als Thomas Mann Ende Juli 1936 ein paar Tage in Sils-Baselgia war, kehrte er wie zahllose Gäste vor ihm und nach ihm hier ein: »4 Uhr Spaziergang mit den drei Damen, Golo und dem Hund Doktor ins Fextal zum Restaurant ›Sonne‹, wo wir im Garten Thee tranken. Während Golo und Annemarie zum Gletscher weitergingen, kehrten wir durch die (imposante) Schlucht nach Sils zurück.« Die drei Damen waren Katja Mann, Annemarie Schwarzenbach, Therese Giehse. Wir werden ihnen auf unserem nächsten Spaziergang begegnen.

Friedrich Dürrenmatt (1921–1990), der Schweizer Dramatiker und Erzähler, der oft in Sils-Maria zu Gast war, hat dieses Hotel verewigt. In seinem Arbeitsbuch *Turmbau* (1990), in dem er nie geschriebene Dramen und Erzählungen skizzierte, geht es um die Entstehung der hintergründigen Geschichte eines Attentäters namens Vinter. Sie ist, wie Dürrenmatt ausführt, auf groteske Weise mit dem Fextal verknüpft:

»Einige Wochen später fuhren wir ins Engadin. Vom ›Waldhaus‹ in Sils-Maria stieg ich ins Fextal hinauf und begann in der Gaststube der ›Sonne‹ *Vinter* zu schreiben. Wie immer benutzte ich dazu einen Blindband. Es gibt nichts Schöneres als eine Erzählung anzufangen, es ist der Beginn eines Abenteuers, dessen Ausgang ungewiß ist. Ich hatte einige Seiten geschrieben, als ein Bauer mit einem Hund die Gaststube betrat und am Nebentisch Platz nahm. Der Hund war wie jener, den ich auf der Bühne gesehen hatte, groß und weiß, ein Abruzzen-Schäferhund. Ich sprach den Bauern an, wir kamen ins Gespräch, andere Bauern kamen, wir tranken Roten, ich weiß nicht wie viel, und als ich von der ›Sonne‹ zum ›Waldhaus‹ hinunterging, war es schon am Eindunkeln. Alles war noch voll Schnee, auch die Straße, und als sie steil und vereist wurde, glitt ich aus und lag auf dem Rücken. Da glitt es warm und feucht über mein Gesicht. Über mir stand der große weiße Abruzzen-Schäferhund, als wolle er mich bewachen. Er hatte etwas Gespensterhaftes, Unwirkliches. Ich fühlte mich seltsam geborgen. Dann pfiff jemand, und der Hund verschwand lautlos den Hang hinauf voll Schnee. Was ich jedoch in der Gaststube der ›Sonne‹ geschrieben hatte, ließ sich nicht wiederfinden. Der Blindband blieb verschwunden. Ich mußte die Arbeit an der Erzählung von neuem beginnen, ließ sie aber nach einigen Wochen wieder fallen, die Erzählung drohte uferlos zu werden. Ich vollendete die *Stoffe* ohne sie ...«

Wir setzen nun unseren Spaziergang in Richtung Fex-Curtins fort. Am Ausgang von Crasta wählen wir den Höhenweg, der rechts in den Wald hochführt und parallel zum Tal verläuft. Links unten am Hang sehen wir ein Haus liegen.

❾ Das Haus La Motta

Hier also wohnte Samuele Giovanoli, der Paradiesmaler aus dem Fextal, dessen Bilder wir im Hotel »Seraina« (vgl. Seite 63 f.) bewundern können und den der Bildhauer Giuliano Pedretti in Celerina 1965 wiederentdeckt hat. Von Anita Forrer (vgl. Seite 125 f.) wird berichtet:

»Im Sommer 1936 unternahm Frau Anita Forrer aus St. Gallen eine Wanderung von Sils Maria ins Fextal und kam dabei am Haus ›La Motta‹ vorbei. Dort sah sie zum ersten Male Samuele Giovanoli, wie er draußen stehend, an einem Bild malte. Die Wanderin blieb stehen und schaute dem Maler fasziniert zu. Nach einer Weile drehte sich der sonst wortkarge Giovanoli um und begann spontan der jungen Frau zu erzählen, wie er eines Tages plötzlich Lust zu malen ver-

Samuele Giovanoli. Selbstbildnis

Haus La Motta mit Kuh. Ölbild von Samuele Giovanoli

spürte und dann eine Wand im Eingang seines Hauses bemalt habe. Er führte die Besucherin ins Haus und in die Stube hinein, in welcher einige Bilder hingen. Anita Forrer blieb vor einem Paradiesbild begeistert stehen; Giovanoli stand neben ihr und sagte langsam mit einer tiefen Stimme: ›Wissen Sie … die Frauen … die Frauen sind böse.‹ Frau Forrer kaufte sofort dieses Bild und entdeckte im nachhinein in einer anderen Stube das Schlangenbild. Auch dieses Bild betrachtete sie mit zunehmender Begeisterung. Giovanoli schaute sie an und sagte nochmals mit tiefer Stimme: ›Ja, so ist die Welt heute!‹«
Der naive Künstler drückte seine Ängste und Enttäuschungen im Alter in seinen Bildern aus. Der einsame Mann war zum Leser und Philosophen geworden: Goethes, Schillers und Nietzsches Werke gehörten zu seiner Lektüre.
Unser Weg führt eine knappe Stunde durch den herrlichen Lärchenwald. Schließlich hören die Bäume auf, wir überqueren, uns nach links unten haltend, eine kleine Brücke über den Fexbach und erreichen nach wenigen Schritten einen Gasthof mit einer Terrasse.

⑩ Am Fexhotel

Das Hotel ist das letzte Haus im Tal. Man kann weiterwandern und kommt nach zwei Stunden bis an den Fuß des imposanten Fexgletschers. Doch es ist kaum anzunehmen, daß Nietzsche so weit marschiert ist. Wohl aber wird er bis zu dem heutigen Gasthof gegangen sein. »Gestern nachmittag war ich mit

Prof. Kaftan im Fexthal«, schreibt er am 22. August 1888, drei Wochen vor seinem endgültigen Abschied nicht nur von Sils-Maria. Der Theologieprofessor Julius Kaftan (1848–1926) aus Berlin stand zwar der Philosophie seines früheren Universitätskollegen aus Basler Zeiten kritisch gegenüber, rühmte sich aber, einer der letzten gewesen zu sein, der mit Nietzsche diskutierte:

»Wir haben damals [im Spätsommer 1888] in Sils-Maria drei Wochen lang täglich miteinander verkehrt, lange Spaziergänge zusammen gemacht und eingehend und unumwunden über alles gesprochen, wie wenn wir alte Freunde gewesen wären. Das waren wir nun eigentlich nicht. Unser Verhältnis früher war ein gutes, aber mehr äußerliches gewesen. Ich wunderte mich daher immer wieder darüber, daß er jetzt den Verkehr mit mir in jeder Weise suchte und ihn vom ersten Anfang an auf so vertraulichem Fuße führte. Ich erwähne es, um zu sagen, daß ich wirklich beurteilen zu können glaube, wie es damals um ihn stand. Ich habe aber während der ganzen Zeit niemals irgendwelche Spur einer beginnenden geistigen Erkrankung an ihm wahrgenommen ... Wenige Monate nachher trat die Katastrophe ein. Aller Wahrscheinlichkeit nach bin ich wohl einer der letzten gewesen, mit denen er Auge in Auge geistig verkehrt hat.«

⓫ Auf dem Weg von Curtins nach Crasta

Auf dem Rückweg, der immer parallel zum Fexbach verläuft, finden wir nach der Häusergruppe eine Abzweigung, die

Fextal mit Blick auf Hotel und Gletscher. 1920

Fex Crasta mit Kirche und Hotel Sonne (rechts). 1920

zur Marmoré führt. Würden wir hier weitergehen – was wir nicht tun werden – , so würden wir bald an die Stelle kommen, an der man das Pfeifen von Murmeltieren vernehmen kann, was alle Gäste seit eh und je beschäftigt, so auch Theodor W. Adorno. Er widmete dem seltsamen Phänomen eine kurze Betrachtung in seinen Prosastücken *Aus Sils Maria:*

»Wer einmal den Laut von Murmeltieren hörte, wird ihn nicht leicht vergessen. Daß er ein Pfeifen sei, sagt zu wenig: es klingt mechanisch, wie mit Dampf betrieben. Und eben darum zum Erschrekken. Die Angst, welche die kleinen Tiere seit unvordenklichen Zeiten müssen empfunden haben, ist ihnen in der Kehle zum Warnsignal erstarrt; was ihr Leben beschützen soll, hat den Ausdruck des Lebendigen verloren. In Panik vorm Tod haben sie Mimikry an den Tod geübt. Täusche ich mich nicht, so haben sie während der letzten zwölf Jahre, als das Camping vordrang, immer tiefer in die Berge sich geflüchtet. Selbst die Pfiffe, mit denen sie klaglos die Naturfreunde verklagen, sind selten geworden.

Zu ihrer Ausdruckslosigkeit paßt die Landschaft. Sie atmet keine mittlere Humanität aus. Das verleiht ihr das Pathos der Distanz Nietzsches, der dort sich versteckte. Zugleich ähneln die Moränen, für jene Landschaft charakteristisch, Industriehalden, Schutthaufen des Bergbaus. Beides, die Narben der Zivilisation und das Unberührte jenseits der Baumgrenze, steht konträr zur Vorstellung von Natur als einem tröstlich, wärmend den Menschen Zubestimmten; es verrät schon, wie es im Kosmos aussieht. Die gängige imago von Natur ist begrenzt, bürgerlich eng, geeicht auf die winzige Zone, in der geschichtlich vertrautes Leben gedeiht; der Feldweg ist Kulturphilosophie. Wo die Herrschaft über Natur jene beseelte und trugvolle imago zerstört, scheint sie der transzendenten Trauer des Raumes sich zu nähern. Was die Engadinlandschaft an illusionsloser Wahrheit vor der kleinbürgerlichen voraus hat, wird wettgemacht von ihrem Imperialismus, dem Einverständnis mit dem Tod.«

Wir kommen nun nach Crasta zurück, verlassen die Straße, gehen den Pfad rechts abwärts zur Brücke über den Fexbach und befinden uns in Fex-Platta.

⓬ Chesa Pramog

In diesem Haus, links vor der Brücke am Bach gelegen, wohnte wiederum ein Engadiner Maler, der aus Basel gebürtige Ernst Rinderspacher (1879–1949). Er ließ sich 1917 im Fextal nieder und machte sich hier, wie schon in Deutschland, als Glasmaler einen Namen.

»Sein Werk besteht aus Pastellzeichnungen und bemalten kleineren und größeren Glasscheiben, die er in einem einzigartigen Verfahren herstellte (Zusammenschweißen von Glasstücken; besonderer Farbauftrag). Oft kommen Lärchen zur Darstellung, die er in intensiv-farbige Engadiner- und Fex-Landschaften setzt und diese manchmal mit Heiligen, Nymphen oder Geistern belebt. Komposition, Umgang mit der Thematik und Linienführung erinnern stark an japanische Holzschnittmeister (z. B. Hokusai), mit deren Werken er bestimmt in Berührung gekommen ist«, schreibt die Graubündner Kunsthistorikerin Dora Lardelli. Glasfenster von Rinderspacher mit religiösen Motiven und Anklängen an das Engadin findet man in den Kirchen von Sils-Baselgia, Fex, Silvaplana und Champfèr.

Als Rainer Maria Rilke im August 1919 einige Tage bei dem Ehepaar Junghanns zu Gast war, besuchte man auch den Künstler im Fextal. In einem Brief an den Dichter schildert Inga Junghanns (vgl. Seite 116ff.) den Nachklang dieser Begegnung: »Der stille Glasmaler aus Fex, Rinderspacher, besuchte uns Samstagabend. Es ist etwas Schönes um diesen Menschen, der selbst zu allem sich hervorfindet und seine Bildung wirklich ganz von innen anfängt. Nie hätte ich hinter einem so robusten, beinahe brutalen Äußeren so schöne und zarte Dinge

Sils-Maria. Aquarell von Ernst Rinderspacher. 1933

vermutet, wie sie in diesem Einsamen leben, und wie empfänglich ist er; zwei Gedichte von R. M. R., die ich ihm vorlas, machten einen tiefen Eindruck; er hatte schon gleich nach Ihrem Besuche die Marienlieder kommen lassen, aber er war so rührend, wo er meinte, er verstünde sie so schwer, wenn er selbst lese, dagegen ginge alles so klar in ihn ein, wenn ich vorlese. Es war gut, ihn hier zu haben, wir hatten seit Ihrem Besuch so viele Vielredende, Nichtssagende hier gehabt, aber hinter Rinderspachers einfachen Worten stand Wahrheit, Suchen, Erleben, Kampf; und alle Phrasen waren fern von seinem Wesen.«

Aber nicht nur als in sich gekehrter religiöser Glasmaler lebt Ernst Rinderspacher in der Erinnerung weiter, sondern auch als Schöpfer eines der Plakate, mit denen der Verkehrsverein Sils noch heute wirbt: Drei einander kreuzende, zum Himmel wachsende Arven, hinter denen der von Sternen umgebene Mond schimmert, beherrschen eine Landschaft mit Bergen, See und Wiesen unter einem Himmel in Blau, der ins Gelbliche überfließt.

Peter Schifferli

⓭ Das Haus von Mr. Hutchinson (Nr. 170)

Im zweiten Haus auf der linken Seite nach der Brücke – davor steht Christian Kluckers Haus (Nr. 172) – wohnte ein jovialer reicher Engländer, der auch in Locarno eine Villa hatte. Am letzten Tage seines Silser Aufenthalts, am 20. August 1938, besuchte ihn Thomas Mann: »4 Uhr abgeholt von Hutchinson, mit ihm zu seinem hübschen Bauernhaus im Fextal. Dort Thee mit schweizerisch-deutschem Ehepaar. Besichtigung des Hauses, prächtige Balkenstämme des Daches, großartig primitiv. Brauendes Gewölk, Regen und Gewitter.«

Hutchinson: Man denkt zuerst an den berühmten Londoner Verleger Walter Hutchinson oder an den Schriftsteller R. C. Hutchinson. Doch wer war dieser Mr. Hutchinson?

⓮ Das Haus Eichelberg (Nr. 169)

Seit 1880 kamen Verleger gern nach Sils-Maria: Johann Ambrosius Barth, Heinrich Brockhaus, Fritz Baedeker, Ferdinand Springer, Friedrich Bertelsmann, Eugen Diederichs, Anton Kippenberg, S. Fischer, Franz Ullstein, F. C. Velhagen und viele andere. Der Zürcher Verleger Peter Schifferli (1921–1980), der 1944 den Verlag Die Arche gründete, wohnte oft mit seiner Familie in diesem Haus, das seinen Schwiegereltern Eichelberg gehörte. Viele Autoren besuchten ihn im Laufe der Jahre an diesem Ferienort, z. B. Werner Bergengruen, Max Frisch und Friedrich Dürrenmatt.

⓯ Haus Schünemann (Nr. 167)

Zwei Häuser weiter wohnte ein Maler namens Hofer. Daran erinnert noch das Atelierfenster zum Weg hin. In diesem Haus, in dem ein Bild des Tiroler Nationalhelden Andreas Hofer hängt, hatte sich von Anfang Juli bis Mitte August 1926 ein Schriftsteller mit seiner Familie einquartiert, Siegfried Jacobsohn (1881–1926), der erfolgreiche Herausgeber der *Weltbühne,* der wichtigsten und witzigsten politisch-literarischen Wochenschrift der linken Szene in der Weimarer Republik. Der Berliner Jacobsohn war im gewissen Sinn ein Antipode des Wieners Karl Kraus: Beide aber kannten das Fextal, wenngleich im zeitlichen Abstand von zehn Jahren.

S. J. lud seinen tüchtigsten Mitarbeiter und Freund K. T., daß heißt Kurt Tucholsky, am 3. 7. 1926 mit einem – versteht sich – schnoddrigen Brief ein: »Hier ist es allerdings so, daß man nur Nitschkes Ingenium zu haben bräuchte, um nicht schlechtere Dinge zu schreiben als er. Wo ich hier sitze, ist es 1892 Meter über dem Meeresspiegel, und das äußert sich so, daß man vollständig berauscht ist von der Luft und aller Erdenschwere ledig. Wie wennste schwebst. Es ist in der Art, mecht ma sprecha, das Antipodium von Kampen, aber in der Qualität genau dasselbe. Das einzige, was man mir nach Kampen überhaupt offerieren konnte. Wenn die Wirkung

Siegfried Jacobsohn

auf mich anhält, verzicht ich diesen Sommer ganz auf Kampen und bleibe bis Ende September hier.«

Und Kurt Tucholsky (1890–1935), der unter den Pseudonymen Kaspar Hauser, Theobald Tiger, Peter Panter und Ignaz Wrobel in seinen Geschichten, Skizzen und Gedichten seine Zeit und ihren berühmtesten Vertreter, Herrn Wendriner, in der *Weltbühne* aufs Korn nahm, kam drei Tage ins Fextal. S. J. bestätigte es lakonisch am Tag danach: »Hab vielen Dank für Deinen Besuch vom 17.–20. Juli 1926, über den wir uns fubbedoll gefreut haben.«

Wie es dem berühmten Schriftsteller aber unter Jacobsohns Dach ergangen war, erfuhren bald die Leser in einer Schilderung seiner *Vier Sommerplätze*: »Von dem nun folgenden Fex-Platta oberhalb Sils-Marias kann ich diesbezügliche Aussagen [Sie betreffen die Zugspitzenbahn, P. R.] nicht machen. Mein dort ansässiger Brotherr, S. J.,

Kurt Tucholsky

schloß mich bei meiner Ankunft gerührt in seine bärtigen Arme, wies mir kurz das Nietzsche-Haus, drohte mir mit Ludwig Fulda, der darin sein Wesen trieb, und bedeutete mir streng: ›Und dann ist hier noch viel Natur – setz dich hin und arbeite.‹ Darauf sperrte er mich in einen hängenden Stall, den er als Balkon ausgab, legte mir einen Band Reichsgerichtsunterscheidungen unter den wackelnden Stuhl, weiße Rückseiten alter Korrekturfahnen auf den Tisch und schloß ab. Zu den Mahlzeiten wurde ich ein Stündchen herausgelassen. Das Fextal soll eine sehr schöne Landschaftlichkeit besitzen. Dann fuhr ich nach Hause.«

Einen anderen Eindruck von seinem »Sommerplatz« allerdings hinterläßt Tucholskys *Kartengruß aus dem Engadin:*

Unten im weißen Nietzsche-Haus
geht Ludwig Fulda ein und aus und ein
und aus.
Wegen kongenial.
Drum herum wallen und ziehn
Menschenbrocken, ausgespien
aus Berlin.
Herr Wendriner, Frau Wendriner.
Lauter ringfeine Smoking-Berliner.
Wenn sie durch die Landschaft gehn,
wird ihnen hintenrum so mondän.
Sie machen mit den Kellnern Krach,
sie sind wie im Geschäft: überwach.
Der Fexgletscher leuchtet in eisiger
Ruh –

ihr Gesicht sagt: Das steht mir nämlich
zu.
Ich hab es bestellt. Ich hab es bezahlt.
Für mich ist der Zauber hier aufgemalt.
Nachts unter den ewigen Sternen
werden sie in grauen Kasernen
untergebracht. Da, in den Riesenhotels,
schlummern die großen Frauen voll
Schmelz
selig im Arm der Liebe. Na, Arm …
Die Leipziger Straße hat ihren Charme
hier hinaufgeschickt in sauerster
Süße …
Du guter Leser – herzliche Postkarten-
grüße!
Hier gletschern die Gletscher. Der
Fexbach rauscht.
Die Sonne brennt. Das Zeltdach bauscht
sich im heißen Mittagswind.
Ein Kindlein pflückt bunte Blumen lind.
Da sitzt Theobald und fühlt innerlich:
Und wer pflückt mich?

Übrigens fand es Siegfried Jacobsohn »jammerschade, sich bei schönstem Wetter vom Herzen des Fextals losreißen zu müssen«. Er hatte bei seiner Ab-

»Der Fexbach rauscht …« Um 1925

reise, wie es viele Gäste in Sils-Maria tun, »gleich fürs nächste Jahr« wieder gemietet. Aber er kam nicht. Er starb am 3. Dezember 1926.

Wir wählen den Fußweg, der rechts von der Chesa Pool, einer hübschen Pension, talwärts führt. Zur Linken rauscht wieder der Fexbach, und so kommen wir schließlich zur Chesa Cumünela zurück.

Sils-Baselgia mit Blick auf Marmoré und Fexgletscher. Um 1930

Fünfter Spaziergang
Sils-Maria und Sils-Baselgia

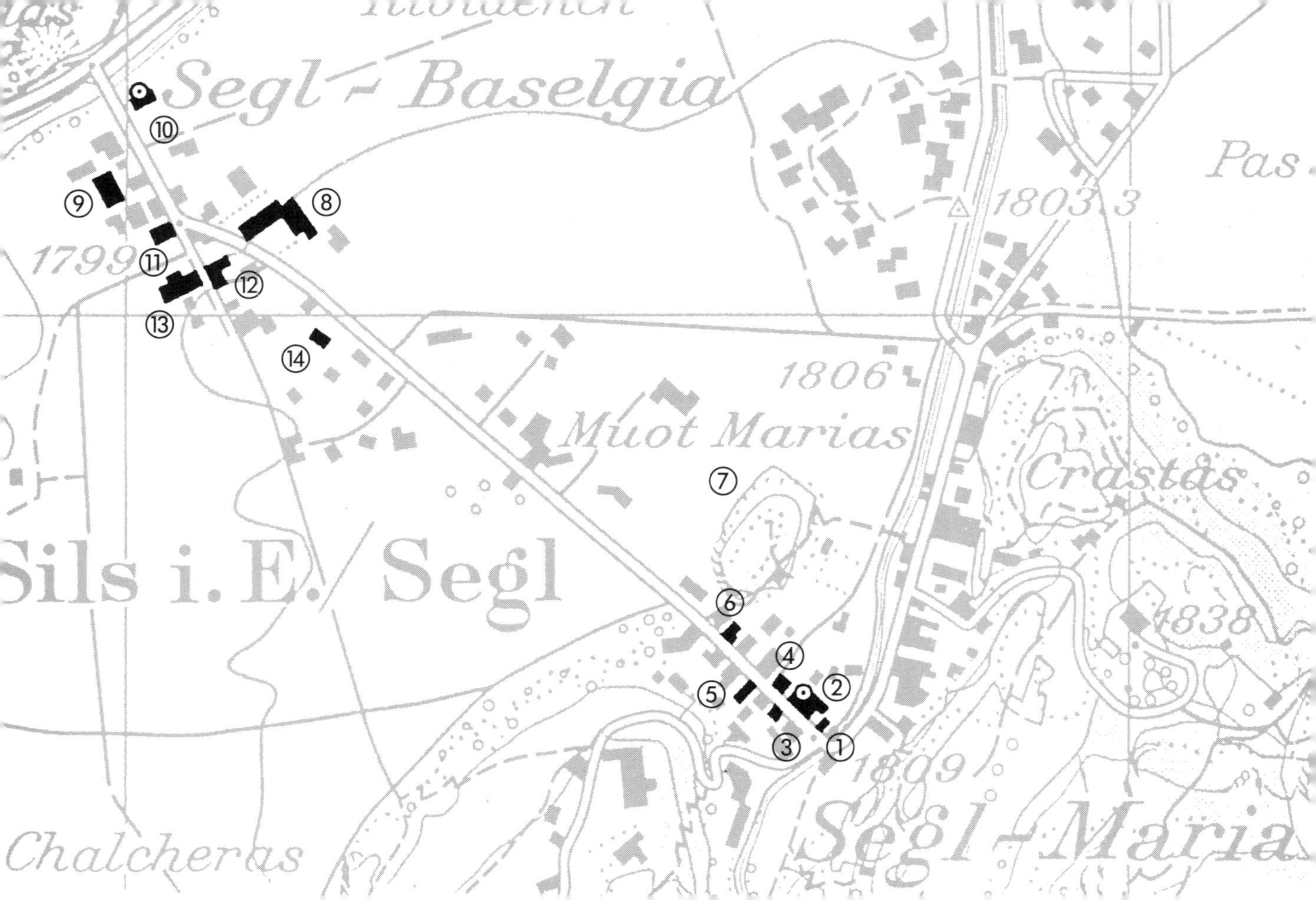

Segl - Baselgia
Pas
1803.3
1799
1806
Muot Marias
Crastas
Sils i.E./Segl
1838
1809
Segl - Maria
Chalcheras
1
2
3
4
5
6
7
8
9
10
11
12
13
14

Die beiden Oberengadiner Ortschaften Sils-Maria und Sils-Baselgia, die seit langem die Gemeinde Sils bilden, sind durch eine heute ausgebaute Straße verbunden. Sils-Maria liegt nahe den Wäldern und den Bergausläufern, Sils-Baselgia im Tal nahe der Hauptstraße von St. Moritz nach Maloja und nahe dem Inn, der vom Silser- in den Silvaplanersee fließt. Unser fünfter Spaziergang ist eine Erkundung der Häuser in Sils-Maria an der Straße nach Sils-Baselgia und ein Rundgang durch diesen vorgelagerten Ortsteil. Die Straße dorthin wird auch Nietzsche oft gegangen sein.
Wir beginnen unseren Spaziergang wiederum an der Chesa Cumünela.

❶ Chesa Marchetta

An der Schmalseite des Dorfplatzes befindet sich in einem alten Engadinerhaus mit den typischen, sehr kleinen tiefliegenden Fenstern die Stüva, die gemütliche, einladende Bündnerstube, das frühere »Engiadina«. Sie ist seit langer Zeit ein beliebter abendlicher Treffpunkt der Gäste, auch der Schriftsteller und Musiker, der Gelehrten und Philosophen. Die Wirtinnen, Christina und Maria Godly, wissen von ihnen viel zu erzählen. Christina ist übrigens in die moderne Kunst eingegangen. Als Kind wurde sie mit ihrem Bruder von Emil Nolde (1867–1956), dem norddeutschen Expressionisten, gemalt, der 1937 im Haus ihrer Eltern, der Pension Chasté, zu Gast war. Das Ölbild *Stinerle und Lienhard* befindet sich in Privatbesitz.
Wir gehen die schmale Hauptstraße in Richtung Sils-Baselgia entlang. Auf der rechten Seite steht eine kleine Kirche.

Stinerle und Lienhard. Ölbild von Emil Nolde. 1937

❷ Die Kirche von Sils-Maria

Die kleine, einräumige Saalkirche von knapp 14 m Länge stammt aus dem frühen 17. Jahrhundert. Sie wurde zuletzt 1909/10 renoviert und das Gewölbe durch eine Flachdecke ersetzt. Der den Ort überragende weiße Kirchturm mit dem anmutigen, sechseckigen Aufsatz und der kleinen Kuppel erhielt 1888 drei neue Glocken, die auch Nietzsche in seinen Briefen erwähnt: »Sils hat diese Woche seine neuen 3 Glocken aufgehängt, ich lobte heute noch den ausgezeichneten Gießer und Fabrikanten derselben, den ersten der Schweiz. Der Klang ist sehr schön.« (2. 8. 1888)

❸ Bazar Laret

Gegenüber der Kirche steht ein Haus mit einem dreieckigen Erker zur Straße. Im Schaufenster des Ladens stand lange Zeit eine kleine Nietzschebüste mit einer Jugendstilinschrift, die heute einem Hotelier in Silvaplana gehört. In diesem Haus war über viele Jahre eine heute vergessene Malerin zu Gast: Clara Porges (1879–1963). Angeregt durch die

Clara Porges

Lektüre von Nietzsches Briefwechsel mit Peter Gast, kam sie zusammen mit ihrem Mann, dem Violinvirtuosen Friedrich Walter Porges, 1911 zum erstenmal ins Engadin und lebte seither mit Unterbrechungen in Sils-Maria, im Fextal, in Maloja und in Samedan, wo sie wie ihr Mann, der 1932 starb, begraben wurde. Die Landschaftsbilder der Künstlerin in den satten Blau-, Grün- und Gelbtönen verherrlichen ihre Wahlheimat und zeichnen sich durch die Kühnheit der Komposition und die Intensität der Farbgestaltung aus.

❹ Ein Museum für Andrea Robbi

Hinter dem Altersheim mit seiner schönen Fassade entsteht ein kleiner Museumspavillon, der dem Andenken des Malers Andrea Robbi (vgl. Seite 30f.) gewidmet werden soll und in dem künftig auch Bilder der anderen Silser Künstler zu sehen sein werden.

❺ Patisserie Schulze

Das Haus mit Anklängen an den Jugendstil wurde 1910/12 von Fritz Hanselmann, dessen Café in St. Moritz Weltruf genießt, als Dépendance gebaut und wird seit 1923 von der Familie Schulze als Konditorei und Café weitergeführt. Vorher stand hier ein Bauernhaus, in dem der Lehrer Gian Caviezel (1826–1892) wohnte. Er unterrichtete von 1847–1884 an der Silser Schule und war ein vielseitig interessierter Mann. Gemeinsam mit dem Pater Krättli beobachtete er von 1863–1888 täglich die Wetterverhältnisse. Nietzsche stand mit Caviezel wegen dieser meteorologischen Beobachtungen in Verbindung, denn den kranken Philosophen beschäftigte der Zusammenhang zwischen Gesundheit und Wetter immer wieder.
Kein Feriengast wird versäumen, in das Café Schulze einzukehren, und so versteht es sich, daß man, wenn Wände erzählen könnten, von vielen Berühmtheiten hören würde, die hier einmal an den Cafétischen gesessen haben.
Es wird berichtet, daß der unvergessene Kinoheld Charlie Chaplin, der ägyptische König Faruk mit seinem Gefolge, Prinzessin Charlotte, die Schwester des damaligen italienischen Königs, Madame Churchill und der Schauspieler Luis Trenker zu Gast waren. Sie alle wohnten in St. Moritz, und zum Unterhaltungsprogramm gehörte ein Ausflug nach Sils-Maria. Es ist kaum anzunehmen, daß die vornehmen Gäste den Namen Nietzsche je zur Kenntnis genommen haben.
Zu den frühen Gästen aus der Zeit, da das Haus noch »Café Hanselmann« hieß, gehörte die Münchner Schriftstel-

lerin Annette Kolb (1870–1967), die sich im September 1918 einige Tage in Sils-Maria und Maloja aufhielt. Sie erzählt davon in ihrer schonungslosen Art und mit bissigen Bemerkungen in ihrem Buch *Zarastro. Westliche Tage* (1921):
»Spät am Nachmittag saß ich in der berühmten Konditorei von Sils Maria, als ein Wagen vorfuhr, dem die vierte Schöne des Palace Hotels in Begleitung ihres Liebhabers entstieg. Es war die notorische liaison des diesjährigen Sommers. Er, so stolz auf seine Figur, daß er Modell stand, sowie man nur hinsah, aber dabei das Entzücken seines Schneiders mit dem des Malers verwechselte; die Stirn niedrig und leer, wie die eines Stallbediensteten, und einen der Anlage nach gewiß nicht groben, aber schon stark vergröberten Kopf. Bald, sehr bald würde von dem ganzen Zauber nur noch die Hengstallüre übrigbleiben.
Die Schöne hatte am nächsten Tische Platz genommen, so daß ich ihre kühle und strahlende Erscheinung mit Muße betrachten konnte. Der Schmelz, die Zeichnung der Brauen und des Ovals, die Augen, wie große, kostbare Edelsteine eingesetzt, waren die eines vollendeten Renaissancegesichtes. Man konnte sich kein typischeres denken. Ihr Lächeln beunruhigte. Und doch war sie so jung! Jugend hielt noch, wie die Staubfäden einer Blüte, Fesseln und Gelenke zusammen. Sie hatte sich erst ihres Schleiers entledigt, nun folgte der Hut. Sie legte ihn neben sich hin. Ihr Haar, mit unerhört raffinierter Schlichtheit getragen, umschmeichelte nur die Schläfen mit seinem Gold und ließ die Stirne frei. Jetzt wandte sie den Kopf. Da aber kam ein platter Hinterkopf zum Vorschein, der Kopf der Viper, da woben schon unendlich leise Fäden an ihrer künftigen Häßlichkeit, und da kündete sich von fern der nach außen gerichtete, erinnerungslose Blick der Vierzigerin, ohne Rückwärtsschauen ... Lange blieben die beiden nicht, stand doch die lange Fahrt noch aus, und mußte sie doch ruhen, bevor sie sich langsam wieder schmückte zum spätesten aller Diners. Nicht nur mit ihren Abendkleidern, auch durch spätes Erscheinen wetteifern nämlich die Damen im Palace. Konnte auf der Welt etwas ordinärer sein, als schon um neun zu Nacht zu essen? Und war dies nicht der Gipfel?
Ihr Geliebter legte ihr jetzt den Umhang über, mit jener tiefen Ehrerbietung, die ein solcher Mann einer solchen Dame gegenüber, die solche Perlen mit in die liaison brachte, empfinden mußte. Auf seine Hand gestützt und von den Kin-

Annette Kolb

dern des Dorfes umstaunt, schwang sie sich auf das Gefährt und griff in die Zügel.«

❻ Das Haus Zuan

Auf der rechten Seite steht, an dem Familienwappen zu erkennen, das mehrfach umgebaute Haus der Familie Zuan, die hier über lange Jahre eine Kolonialwarenhandlung betrieb. Der Frankfurter Philosophieprofessor Theodor W. Adorno, langjähriger Feriengast in Sils-Maria (vgl. Seite 19f.), erzählt in seinen Prosastücken *Aus Sils Maria* von einer Begegnung in diesem Hause:

»... ich erfuhr vor einigen Jahren, der Seniorchef der opulenten Kolonialwarenhandlung des Ortes, Herr Zuan, habe als Kind Nietzsche noch gekannt. Wir gingen, Herbert Marcuse und ich, hin, und wurden liebenswürdig in einer

Haus Zuan. Um 1960

Theodor W. Adorno

Art Privatkontor empfangen. Tatsächlich konnte Herr Zuan sich erinnern. Des Näheren befragt, erzählte er, Nietzsche hätte, bei Regen wie bei gutem Wetter, einen roten Sonnenschirm getragen – anzunehmen, daß er davon Schutz gegen die Kopfschmerzen sich erhoffte. Eine Bande von Kindern, zu der auch Herr Zuan gehörte, hatte sich ein Vergnügen daraus gemacht, ihm in den zusammengefalteten Schirm Steinchen zu praktizieren, die ihm, sobald er den Schirm öffnete, auf den Kopf fielen. Drohend wäre er dann mit gehobenem Schirm hinter ihnen hergelaufen, hätte sie aber nie erwischt.«

Die Geschichte des alten Christian Zuan (1869–1963) – er war der Sohn des erwähnten »Edelweiß«-Gründers aus zweiter Ehe – hört sich amüsant an und wird auch gern in Zeitungsartikeln über Sils-Maria nacherzählt. Doch sie steht eigentlich im Gegensatz zu den immer freundlichen Bemerkungen Nietzsches über die Silser in seinen Briefen und den

frühen Recherchen von Verehrern, die in Sils-Maria auf Spurensuche waren. So liest man in einem Artikel der Schriftstellerin Margarete Stadler, der am 15. Oktober 1906 im »Berliner Tageblatt« erschienen ist:
»Der Gemeindevorstand D[urisch] ... erinnerte sich mit wehmütiger Freude der Zeit, als noch sein treuer Gast dem Postwagen entstieg, und seinem Wirt beide Hände entgegenstreckend freudig sagte: ›Nun bin ich wieder daheim!‹ Und den seltsamen Mann, der ebenso gütig und freundlich im persönlichen Verkehr war, als er in seinen Werken streng über Welt- und Menschenordnung urteilt, kannten und liebten sie dort alle. Selbst die Kinder eilten ihm entgegen, wenn er seinen kurzen Nachmittagsspaziergang ausführte, sich für erneute Tätigkeit zu erfrischen. Mein freundlicher Führer erzählte mir, wie er den übereifrig Arbeitenden oft vor dem Zuviel gewarnt, aber stets die Antwort erhalten habe: ›Ich kann nicht anders, das ist mein Leben!‹ Wenn auch der Dichter keinen Verkehr mit Fremden liebte, so pflegte er sich doch mit einigen Einheimischen gern zu unterhalten. Sein alter Nachbar Z[uan] gehörte zu diesen Auserwählten, ein jetzt achtzigjähriger, aber geistig ungemein reger und frischer Greis, der früher das Amt eines Friedensrichters bekleidete und auch jetzt noch großes Ansehen genießt als höchste Autorität für alles, was vom Ort in Sage und Geschichte zu vermelden ist.«
Der hier erwähnte »alte Nachbar Z.« war Paul Zuan, der Vater von Adornos Gesprächspartner und Erbauer des »Edelweiß«.
Wir gehen hinter dem nächsten Haus nach rechts den Weg hinauf, der zu einem kleinen Hügel führt.

Der Lehrer Gian Caviezel mit seinen Schulkindern. Um 1880

❼ Muot Marias

Schon in dem Führer durch das Oberengadin von Martin Caviezel von 1886 wird über diesen Ort berichtet:
»Muot Marias ist ein niederer, bewaldeter Hügel mit prächtiger Aussicht über das Dorf hinweg, auf die Seen und Bergketten; er kann ein unvergleichlich schöner, reichhaltiger Blumengarten genannt werden, welcher mehr als 150 verschiedene Pflanzenspezies beherbergt.«
Der Verschönerungsverein legte hier ein kleines Alpinum an, um die Feriengäste mit der Pflanzenwelt der Alpen bekannt zu machen. Viele Jahre war die Pflege dieses Alpengartens, der 1984 wieder aktiviert wurde, eine Lieblingsbeschäftigung von Christian Klucker, dem Bergführer (vgl. Seite 93 f.).

Emily Fynn, die mit ihrer Tochter und ihrer russischen Freundin in der »Alpenrose« wohnte, wird wohl diesen Ort gemeint haben, als sie am 15. 8. 1888 – in diesem Sommer war das »englisch-russische Trio« nicht ins Oberengadin gereist – an Nietzsche dachte und schrieb: »Wir sehen Sie im Geiste, mit ihrem weißen Sonnenschirm, gesund und rüstig, nach dem schönen Silzer See und Alpenrosengarten dahin eilen und freuen uns über den Genuß welchen die engadinische Vollkommenheit Ihnen, lieber Herr Professor gewährt. Mögen die schönen Tage, – welche, wie es scheint, uns bevorstehen Sie vergüten für den so traurigen Winter und schlechtes Frühjahr!«
Wir verlassen Sils-Maria und erreichen nach knapp einem halben Kilometer mit

Muot Marias, »Alpenrose« und »Waldhaus«. Um 1910

Hotel »Margna«. Um 1900

dem Blick auf den Silsersee und das Gebirgspanorama vom Margna bis zum Piz Lagrev die ersten Häuser von Sils-Baselgia und dann das bekannteste Hotel des Ortsteils.

❽ Hotel »Margna«

Der große Komplex ist das Ergebnis mehrerer Bauphasen, die in den unterschiedlichen Formen der Anbauten sichtbar sind. Das vordere Hauptgebäude mit dem Türmchen ist ein umgebauter und aufgestockter Palazzo, den einer der berühmtesten und erfolgreichsten »Heimkehrer«, Johann Josty (1773–1826), 1817 in dem erst wenige Häuser zählenden Baselgia als reicher Mann für sich gebaut hat. Josty, aus Sils gebürtig, machte als Zuckerbäcker in Preußen sein Glück. Nachdem er zuerst in Magdeburg tätig war, gründete er mit drei Engadiner Landsleuten 1796 die Firma J. Josty & Co. in Berlin, das berühmte Café Josty an der Stechbahn gegenüber dem Königlichen Schloß. Als reicher Mann kehrte er zwanzig Jahre später in seine Heimat zurück und starb als verehrter Wohltäter.

Der Palazzo mit der großen Freitreppe – damals ein Fremdkörper in der armen Gemeinde – war seit 1891 eine Pension. Er wurde 1905/06 zu dem heutigen Hotel »Margna« durch Um- und Erweiterungsbauten umgestaltet und 1913 durch den Anbau eines Zimmerflügels erneut erweitert. Die letzten großen Renovierungsarbeiten führte die Familie Müssgens durch, die den Gebäudekomplex 1960 von der Margna AG erworben hat. Auch hier wohnten viele berühmte Gäste, Wissenschaftler wie der Kunsthistoriker Heinrich Wölfflin und der Religionsphilosoph Walter Nigg. Rainer Maria Rilke war Ende Juli 1919 einige Tage Gast im »Margna«, als er das Ehepaar Junghanns besuchte (vgl. Seite 117ff.).

Katja und Thomas Mann. 1935

Thomas Mann und seine Frau wohnten im Juli 1936 im »Margna« und besuchten Annemarie Schwarzenbach und Therese Giehse, die Freundinnen ihrer Kinder Erika und Klaus. Dank der veröffentlichten Tagebücher Thomas Manns läßt sich der Kurzbesuch beschreiben. Von Küsnacht reiste man mit dem Auto an:
»Spannende Fahrt über den Julierpaß bis 2300 m Höhe. Schuttige Öde. Frische. Blick auf St. Moritz und Suvretta-Haus. Sahen die Seen zum ersten Male eisfrei, grün. Ankunft hier ca. 1/2 7 Uhr, im Hotel von der Giehse und Anne-Marie mit ihrem Hund, dem Zwillingsbruder Tobys, begrüßt. Mit der Unterkunft nicht sonderlich zufrieden; großes und kleines Zimmer mit Bad im I. Stock.«
In den nächsten vier Tagen ging man mit den Damen zur Chasté, ins Fextal, »zum ›Waldhaus‹ hinauf und von da schöne Spaziergänge an der Lehne über dem See«, wanderte in Richtung Surlej, trank Tee bei Hanselmann und fuhr nach Maloja: »stiegen beim Kulm aus und gingen etwas einen schönen Fußweg. Saßen später auf einer Bank in der Sonne. Bewundernswerte Landschaft, bezaubernde Fahrt am See.«
Das Ehepaar frühstückte morgens auf dem kleinen Balkon des Hotels und nahm abends das Diner im Restaurant ein. Am 28. Juli fuhr man nach Küsnacht zurück:
»Das Wetter war windig und halb sonnig heute morgen in Sils. Ich badete um 8 Uhr und arbeitete nach dem Frühstück bis gegen 11. Dann packte ich. Golo, die Giehse und Anne-Marie fanden sich zur Abfahrt ein. Wir starteten 3/4 12 Uhr nach Verabschiedung vom Direktor und dem Concierge Talpargan.«
Zwei Jahre später, im August 1938, wohnte Thomas Mann mit seiner Frau eine Woche im »Margna«: »Im Hotel provisorische Zimmer, eng. Gegen 8 mäßiges Diner im Speisesaal.« Am nächsten Tag waren »unsere Zimmer mit Bad frei geworden. Umzug, teils eigenhändig«. Wieder traf man Annemarie Schwarzenbach und Therese Giehse, diesmal auch die Kinder Erika und Klaus. Man wiederholte die Spaziergänge zur Chasté, zum Fextal. Im übrigen traf man außer den jungen Leuten prominente Gäste: den damals berühmten Schriftsteller Emil Ludwig, das Ehepaar Bruno Walter. »Elegantes Frühstück,

sehr laute Unterhaltung, die nach Tische hauptsächlich von Ludwig bestritten« wurde. John Knittel, der Verfasser erfolgreicher Romane – *Abd-El Kader, Via mala, El Hakim* und viele andere –, der in Maienfeld in Graubünden wohnte, kam von St. Moritz herüber und lud zum Abendessen ein: »Smoking, St. Moritz, Culm Hotel zu Knittel. Elegantes Souper mit ihm, Champagner, angetrunkenes Geschwätz.«

In dieser mondänen Welt lebte man – was in den Texten nicht zum Ausdruck kommt – in der Sorge um künftiges Unheil, das sich bereits abzeichnete und auch Thomas Mann aus der Schweiz vertrieb. Als er 1950 wieder nach Sils-Maria kam, wohnte er im »Waldhaus«. Doch auch dort war der anspruchsvolle Gast schwer zufriedenzustellen.

Im »Margna« ging das Leben weiter: Nach dem Krieg war Max Frisch ein regelmäßiger Gast, auch viele Theaterleute wie Kurt Hirschfeld, Ernst Ginsberg, Helmut Qualtinger, Will Quadflieg und andere. Als Carl Zuckmayer (1896–1977), der Dramatiker und Erzähler, 1964 im »Margna« wohnte, schrieb er folgende Verse in das Gästebuch:

Blick von der Marmoré gegen Abend

Wie Segantini möcht' ich's machen können,
Die starken Linien und das klare Licht,
Von blauem Glanz, von blauen Schatten trunken,
Das letzte Funkeln und das stille Brennen
Der Gipfel, schon im Dämmer bald versunken –
Mit Worten, nein, mit Worten kann ich's nicht.

Carl Zuckmayer

Es streift mein Blick die Seen und die Wiesen, –
Die Träume schweifen lebensweit zurück.
Laßt mich des Abends Schwermut tief genießen,
Da der verborgnen Sonne Silberpfeile sprießen:
Hold ist Erinn'rung, flüchtig bleibt das Glück.
Dort steht das Haus, von edler Wohlgestalt,
Das weither man an seinem Türmlein kennt,
Wo Speise, Trank und Freude uns bereitet,
Wo hell die Kerze guter Freundschaft brennt,
Und während Sturm und Wetter draußen hallt,
Und drinnen froh das »Wiener Lied« erschallt,
Lob ich die große Nacht, die in den Morgen gleitet.

Chesa Dimlej, das frühere Pfarrhaus, in dem das Ehepaar Junghanns wohnte

Vom Hotel »Margna« aus gehen wir weiter, vorbei an der »Pension Chasté«, und finden auf der linken Seite einen kleinen Garten. Hinter einem Brunnen steht rechts ein rotes Haus.

9 Chesa Dimlej

In diesem Haus, das vollständig restauriert wurde, wohnte der letzte Pfarrer von Sils: Dominic Ritter (1802–1885). Er wurde 1829 ordiniert und hatte das Pfarramt in Silvaplana von 1837–1871 inne, seit 1854 war er außerdem mit der Pfarrei in Sils betraut, die er bis zu seinem Tode führte. Danach wurde die Kirchengemeinde Sils mit der von Silvaplana zusammengelegt, so daß seither der Pfarrer von Silvaplana auch die Gemeinde in Sils betreut.

Nietzsche schätzte den »alten Pfarrer von 81 Jahren«: »Er hat diesen Winter keine seiner Funktionen ausgesetzt und geht Sonntag in das tiefste Gebirge stundenweit um ein Kind zu taufen«, schrieb er im Juni 1883 nach Hause.

Oft besuchte Nietzsche den Pfarrer Ritter, der von seiner Tochter Nini versorgt wurde. Man saß dann auf der Bank vor dem Haus, und man kann sich ausmalen, daß der Pfarrer und der Philosoph über Gott und die Welt diskutierten.

Während des Ersten Weltkrieges, 1916, war ein Ehepaar aus Deutschland, der Maler Rudolf Reinhold Junghanns (1884–1967) mit seiner dänischen Frau Inga (1886–1962), in die Dachwohnung des Hauses eingezogen, das inzwischen der berühmten Familie Reinhart in Winterthur gehörte. Im Jahr zuvor hatte Junghanns, der an Tbc litt, einen Freund im Oberengadin, »in Nietzsches Gegend«, besucht und war entzückt von der Landschaft. »Er hatte den Stein gefunden im Felsen, worauf Nietzsches Nachtlied steht. Ihm war es ganz feierlich. Und er schrieb, er und sein Freund würden dort Herbstlaub und Beeren und einzelne verspätete Blumen ... hinbringen.«

So berichtete es Inga Junghanns an Rainer Maria Rilke: Das Ehepaar hatte den Dichter in München kennengelernt, und die junge Frau war – wie viele – von der Sanftheit Rilkes eingenommen. Sie hatte ihm Lieder des schwedischen Dichters Carl Michael Bellmann vorgesungen und fing an, seinen Roman *Die Aufzeichnungen des Malte Laurids Brigge* ins Dänische zu übersetzen. So ergab es sich, daß der Dichter Ende Juli 1919 ein paar Tage zu Gast im Engadin war: »Das Hotel ›Margna‹ in Sils-Baselgia ist gut, ersten Ranges und kaum, nein sicher nicht so teuer wie ›Baur au Lac‹, Platz ist mehr als genug da. Die Alpenrosen glühen, alle Wiesen blühen«, schrieb Inga Junghanns am 12. Juli nach München, und Rilke kam und blieb vier Tage. Welch ein Unterschied zwischen Thomas Mann und Rilke in ihren Ansprüchen! Die Übersetzerin hat die Begegnung später in ihrer sentimentalen Sprache beschrieben:

»Lange schon vor der Ankunft stand ich auf der Treppe, die zu unserer Mansarde hinaufführte, und hörte den Wagen ins Dorf hineinrollen. Endlich waren sie da. Rilke nahm meine beiden Hände, küßte sie, sah mich lange prüfend an. Und schon stand ein liebes Lächeln in seinem Gesicht, während Tränen der Freude über meine Wangen rollten. In der Küche mit der schrägen Decke sollten wir essen. Nie habe ich einen Gast an meinem Tische gehabt, der so schnell in die rechte Stimmung gekommen wäre wie Rilke. Daß er leichte Speisen vorzog, wußte ich von früher her. Daß aber Spiegeleier auf Toast mit einer selbstkomponierten Madeira-Sauce ihm so viel Spaß machen und sofort an Kopenhagen erinnern würden, war ein glücklicher Zufall. Und daß schließlich das letzte Glas Oliven, das ich bei dem Kaufmann in Sils Maria noch gerade aufgetrieben hatte, in Rilke einen kindlichen Appetit und zugleich alle fröhlichen Pariser Erinnerungen erwecken sollte, war mehr, als eine Hausfrau je hätte erwarten dürfen: ›Darf ich sie mit den Fingern nehmen?

R. R. Junghanns auf dem Silsersee

Rainer Maria Rilke

Inga Junghanns

Das taten wir damals in Paris, wo wir sie auf der Straße kauften und sie gleich aus dem Papier aßen!‹ Und nun fing er an, von Paris vor dem Kriege zu erzählen, von den Freunden dort, von Rodin, André Gide, Drubetskoj und vielen Anderen. Lange saßen wir zu Tische, als hätten wir ein großes Souper hinter uns, bis wir endlich aufstanden, um vom Balkon aus den letzten Widerschein der untergehenden Sonne auf den Bergen zu betrachten …

Eigentlich hatte Rilke vor, schon am nächsten Tage weiterzureisen. Am Mittagstisch aber bat er uns, ob er noch bleiben dürfe. Brauche ich zu sagen, wie froh wir ihm zustimmten? Am Nachmittag gingen wir auf die Chasté. In der Nähe des Nietzschesteins wachsen dort auf einer kleinen Waldwiese viele Arnikablumen. Die hatte Rilke besonders gern. Und lange trug er zierlich und vorsichtig eine Blume mit sich in der Hand. Sonst mochte er keine Blumen pflücken. Man solle sie stehenlassen, da, wo sie hingehören, meinte er. Nur ganz selten, wie ein köstliches Geschenk dürfe man eine einzelne in die Hand nehmen, sie an das Gesicht führen, ihre Kühle, ihren Duft einatmen. Stundenlang, während des ganzen Gespräches, trug Rilke seine Arnika zwischen zwei Fingern; so vorsichtig faßte er den Stiel an, daß die Blume nicht verwelkte, sondern noch frisch mit ins Haus gebracht wurde …«

So wechselten »Spaziergänge und Vorlesungen, Scherz und lange Gespräche in abendlichen Stunden«, und Rilke schrieb ein paar Tage später an Sidonie Nadherny, die drei Jahre zuvor mit Karl

Kraus im Fextal gewesen war: »Das Wetter wurde besser und, neugierig, erprobte ich mich an der niegekannten Höhenluft (sie bekam mir gleich ausgezeichnet), besuchte die Chasté, aß mit Junghanns in dem kleinen italiänischen Restaurant in Plaun da Lej, war sogar im Fextal mit dem Glasmaler Rinderspacher beisammen –, und, das vor Allem: erfuhr die Klarheit und Stärke der Alpenblumen, dieser herrlichen, reinen, gesteigerten Geschöpfe ...«

Rilke fuhr am 28. Juli nach Soglio weiter. Es war der Weg ins Bergell, den auch Nietzsche kannte.

Das Ehepaar Junghanns trennte sich ein paar Jahre später. Der Maler blieb dem Oberengadin treu bis zu seinem Tod 1967. Er besuchte oft Sils und wohnte in Maloja bei dem Arztehepaar Dr. Ratti. Auch er ist ein heute unbekannter Maler des Engadin. Inga Junghanns kehrte in ihre Heimat nach Kopenhagen zurück, ihre Übersetzung der *Aufzeichnungen des Malte Laurids Brigge* erschien 1927. Sie schlug sich ärmlich durch die Zeit und starb 1962.

⑩ Die Kirche von Sils-Baselgia

Wir haben sie nach wenigen Schritten erreicht. Die Kirche ist mit ihrem schlichten Turm und dem spitzen, kegelförmigen Helm ein weithin erkennbares Wahrzeichen in dem Oberengadiner Hochtal. Ihr Alter ist schwer zu bestimmen. Sie geht wohl ins Mittelalter zurück und wurde im 18. Jahrhundert modernisiert. Sie bietet mehr Platz als die Kirche in Sils-Maria; im Rahmen der Engadiner Konzertwochen, die seit 1941 veranstaltet werden, wird auch in

Die Kirche von Sils-Baselgia zur Zeit Nietzsches

dem schlichten Kirchenraum musiziert. Hermann Hesse berichtete darüber: »Wir ... hören manche von den Festwochen-Konzerten. Da hörte ich das vielleicht schönste Konzert meines Lebens: das Collegium musicum aus Rom (Kammerstreichorchester, ganz klein, mit Cembalo) spielte einen ganzen Abend Vivaldi, unbekannte Stücke dabei. Abgesehen von dem herrlichen Vivaldi war es unerhört vollkommen, ich habe nie einen Streichkörper so musizieren hören, dagegen ist der eitle Münchinger in Stuttgart ein Anfänger. Bei jedem Stück wurde die erste Sologeige von einem andern gespielt und die Gruppe etwas umgebaut. Lauter Solisten ersten Rangs, lauter herrliche Instrumente, das Ganze so differenziert, exakt und feinfühlig als wäre das ganze Orchesterchen ein einziger Solist.«

Wir stehen auf dem kleinen Friedhof, der die Kirche umgibt. In der Nähe ist die Brücke , die über den vorbeifließenden Inn führt. Die große Straße stört mit dem Autolärm die Ruhe der majestätischen Landschaft. Wir kehren um und gehen in den Ort zurück, in dem viele alte, gepflegte Engadiner Steinhäuser an eine jahrhundertealte Geschichte erinnern. Auf der rechten Seite liegt nun das alte Gasthaus.

⓫ Pension Chasté

Das alte Patrizierhaus wurde 1571 gebaut, 1904 als kleine Pension eingerichtet und 1932 erweitert. Der Philosoph Edmund Husserl, der Physiker Werner Heisenberg, der Soziologe Alexander Rüstow und viele andere Gelehrte verbrachten hier seit 1909 ihre Ferien.

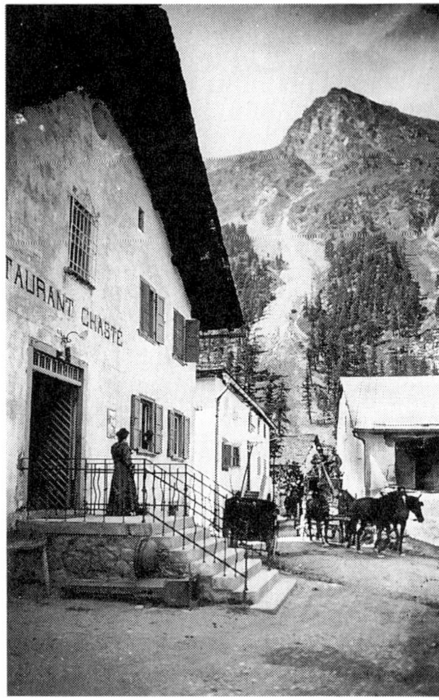

Pension Chasté. Um 1910

Klaus Mann, dem wir in den folgenden Texten begegnen werden, wohnte 1938 im Hause, im Jahr zuvor Emil Nolde. Auch später waren viele bekannte Persönlichkeiten zu Gast, so der Dramatiker Max Frisch, der Schauspieler Will Quadflieg, der junge Peter Szondi, der Philosoph Karl Löwith, der Berner Psychologe Jean Gebser, die Schriftsteller Adolf Muschg und Alexander Kluge und andere.

Zwei Häuser weiter finden wir linker Hand ein »altes wunderliches Haus«, wie Thomas Mann 1936 (23.7.) notierte. Dort wohnte Annemarie Schwarzenbach, und gegenüber entdeckt man ein großes herrschaftliches Haus, die Chesa Castelmur.

⓬ Annemarie Schwarzenbachs Haus

In den dreißiger Jahren war das »hübsche Bauernhaus« (Thomas Mann) ein Treffpunkt junger engagierter Intellektueller, Schriftsteller und Schauspielerinnen, die aus Deutschland geflohen waren. Mittelpunkt war die attraktive, extravagante Fabrikantentochter Annemarie Schwarzenbach, die, 1908 in Zürich geboren, 1931 mit Studien zur Geschichte des Oberengadins promoviert hatte und als junge Schriftstellerin in den Kreis um Erika und Klaus Mann aufgenommen worden war. Sie kehrte ihrem Elternhaus den Rücken, durchlitt schwierige Liebesbeziehungen und wurde drogenabhängig. Zugleich aber war sie eine engagierte, erfolgreiche Journalistin, die als Frau weite Reisen durch Skandinavien, Spanien, Rußland, den Vorderen Orient, Persien und schließlich mit dem Auto durch Afghanistan machte, darüber Zeitungsberichte und Bücher schrieb, die seit einigen Jahren neu erschienen sind und Annemarie Schwarzenbach als eine meisterliche Beobachterin der politischen Konstellationen in der Welt vor dem Zweiten Weltkrieg zeigen. Am 7. September 1942 stürzte sie mit dem Fahrrad auf der Straße nach Sils-Maria und starb an den Folgen des schweren Unfalls neun Wochen später, 34jährig.

Ein Jahr danach wurde ein Gedicht aus dem Nachlaß veröffentlicht, in dem Annemarie Schwarzenbach ihren nahen Tod vorausahnte und vom Engadin und von ihrem Leben Abschied nimmt:

Eingang von Annemarie Schwarzenbachs Haus

In Sils

Manchmal möchte ich mit der Hand nach meinem Herzen greifen,
Ob es noch schlägt und das gleiche ist.
Es schlägt langsam wie im Traum.
Die Schläfen beben, der Atem müht sich
Und die Brust ist so klein geworden, so schmächtig,
Damit ihre Enge dies bißchen Leben und Bewegung nicht störe,
Um das wir kämpfen müssen.
Die Bilder sagen, es sei wie das zu schwache Licht einer Kerze.
Aber plötzlich spüre ich dann, wie es emporschlagen
Und übermächtig werden könnte,
Und eine Geisterhelle verbreiten, die still und fürchterlich ist.
Ich denke an das gesprengte Rund der Bergspitzen,
Die uns mit ihrem Leuchten und ihrer Bläue gnädig waren,
Und ich denke an die Lieblichkeit des Baches,
Der in der Mittagshitze, zur Erntezeit,
So viel über silberne Steine rieselnde Kühlung verbreitete,
Und an die Schwemme,
Wo abends die goldenen Pferde standen und ihre Mähnen schüttelten.
Und an die Wüste.
Aber wenn ich in der Nacht wach werde, und mein Blick aus dem Dunkel,
In der bleischweren Luft schwebend, blind und wie vernichtet ist,
Und wenn dann dieses Weben ringsum beginnt,
Wenn meine Hände schlaff und meine Füße weit sind,
Und ich mir nicht mehr gehöre,
Und allein das einsam schlagende Herz
Wie der Kindheit Brunnen rauscht,
Und ich immer noch in solcher Heimsuchung lauschen muß,
Dann erhebt sich das Sterben über den Zauberrand
Der jetzt in tiefem Schlaf liegenden Welt,
Und ich bin nicht mehr.

In den dreißiger Jahren waren Erika und Klaus Mann oft bei ihr in Sils-Baselgia zu Gast, und Thomas Mann kam 1936 und 1938 aus Küsnacht herüber, da er sich möglicherweise um die Freundin seiner Kinder sorgte. Hier traf er auch die Schauspielerin Therese Giehse (1898–1975), die, aus Deutschland geflohen, in Zürich in der »Pfeffermühle« mitwirkte. Sie war mit Annemarie Schwarzenbach ebenso befreundet wie die Schauspielerin Maria Becker (geb. 1920). Beide verbrachten oft ihre Ferien in ihrem Haus.

Erika und Klaus Mann mit Annemarie Schwarzenbach (Mitte) in Sils-Baselgia. Um 1937

⓭ Chesa Castelmur

Das große Engadiner Doppelhaus wurde 1602 gebaut und gehörte lange Zeit der Bergeller Familie Castelmur; es wurde 1921 von der Familie Salis erworben. Dort hatte sich Klaus Mann, einer der begabten Söhne Thomas Manns, im Sommer 1934 zum erstenmal einquartiert, schrieb literarisch-politische Artikel, redigierte seine Zeitschrift *Die Sammlung*, an der Annemarie Schwarzenbach auch beteiligt war, und arbeitete an seinem Gründgens-Roman, dem er den Titel *Mephisto* gab. In seinem Tagebuch notierte er seine Lektüre: »Nietzsches Freundesbriefe – Welch passende Lektüre, in Sils!« Am 12. 7. 34 heißt es: »Wieder herrlicher Spaziergang – der

Chesa Castelmur

hohe Weg an den Schutthalden. Hingerissen von der Landschaft. Viele Gedanken. Immer herrscht der Todesgedanke vor.«

Zwei Jahre später, am 20.6.1936, notierte er: »Gelesen: in Annemaries Manuskript ›Tod in Persien‹ ... Maxim Gorki ist tot. Karl Kraus ist tot. Eine große Generation stirbt hin ... Wo sind die Erben?« Klaus Mann – mit Annemarie Schwarzenbach seelenverwandt – nahm sich, 43 Jahre alt, 1949 in Cannes das Leben.

In den Sommermonaten 1936–1938 hielt sich Klaus Mann in Sils-Baselgia auf, wohnte dann auch in der »Pension Chasté«. Wie die Eltern später war Klaus Mann in St. Moritz mehrfach eingeladen und notierte – ähnlich wie sein Vater – im Tagebuch: »Abends bei Emil Ludwig. Die ziemlich prätentiöse Frau. Der reizende ›falsche‹ Sohn. Das Ehepaar Rudolf Mengelberg, aus Amsterdam. Brave Leute. – Ludwig: abwechselnd charmant und agaçant. Seine Eitelkeit. Unterhaltung z. B. über Shaw – für den er schwärmt; hält meinen Mangel an Enthusiasmus für den puritanischen alten Witzbold für ›deutschen Bierernst‹, für Mangel an Verständnis für den ›Voltairianischen Typ‹. Dergleichen mehr.« (11.8.1938)

Wir gehen die Hauptstraße nach Sils-Maria zurück. Doch ehe wir das freie Wiesenstück und danach schließlich die Chesa Cumünela erreichen, kommen wir an der Bibliothek vorbei.

⑭ Bibliotheca Engiadinaisa

Am Ende unseres kurzen Spaziergangs, möglicherweise an einem regnerischen Tag, besuchen wir die Bibliothek, in der man mit Blick auf den Silser See schmökern, lesen oder auch Bücher ausleihen kann. Sie ist mit literarischen Werken, selbstverständlich auch mit landeskundlichem Schrifttum, gut bestückt und für jeden Gast in Sils, sofern er ein Bücherfreund ist, ein reiches Geschenk.

Dies ist zwei Frauen zu verdanken: Fräulein Louise Silverberg stiftete Gebäude und Grundbestand an Büchern zur Erinnerung an ihren Vater, Dr. Paul Silverberg. Das Grundstück stellte Anita Forrer zur Verfügung. Sie ist die Tochter eines bekannten Anwalts in St. Gallen. Sie schrieb, neunzehnjährig, nach einer Lesung an Rainer Maria Rilke am 7. November 1919 einen Brief, der eine Korrespondenz zwischen einem jungen

Annie Forrer

Bibliotheca Engiadinaisa

Mädchen und einem reifen Dichter über mehrere Jahre eröffnete, deren Intensität, Nähe und Distanz für Anita Forrer »einen geistigen Lebensraum eröffnete, der maßgebend wurde für ihr Leben«, wie es die Herausgeberin Magda Kerényi dieses 1982 erschienenen Briefwechsels ausdrückt.
Anita Forrer, die hochbetagt in Ascona lebt und nie geheiratet hat, wird wohl erst spät erfahren haben, daß an dem Ort, an dem sie ihre Ferien verlebte, noch eine andere Korrespondentin des so tief verehrten und bewunderten Rilke wohnte: Inga Junghanns.

Silsersee gegen Maloja, links Isola. 1906

Sechster Spaziergang
Nach Maloja

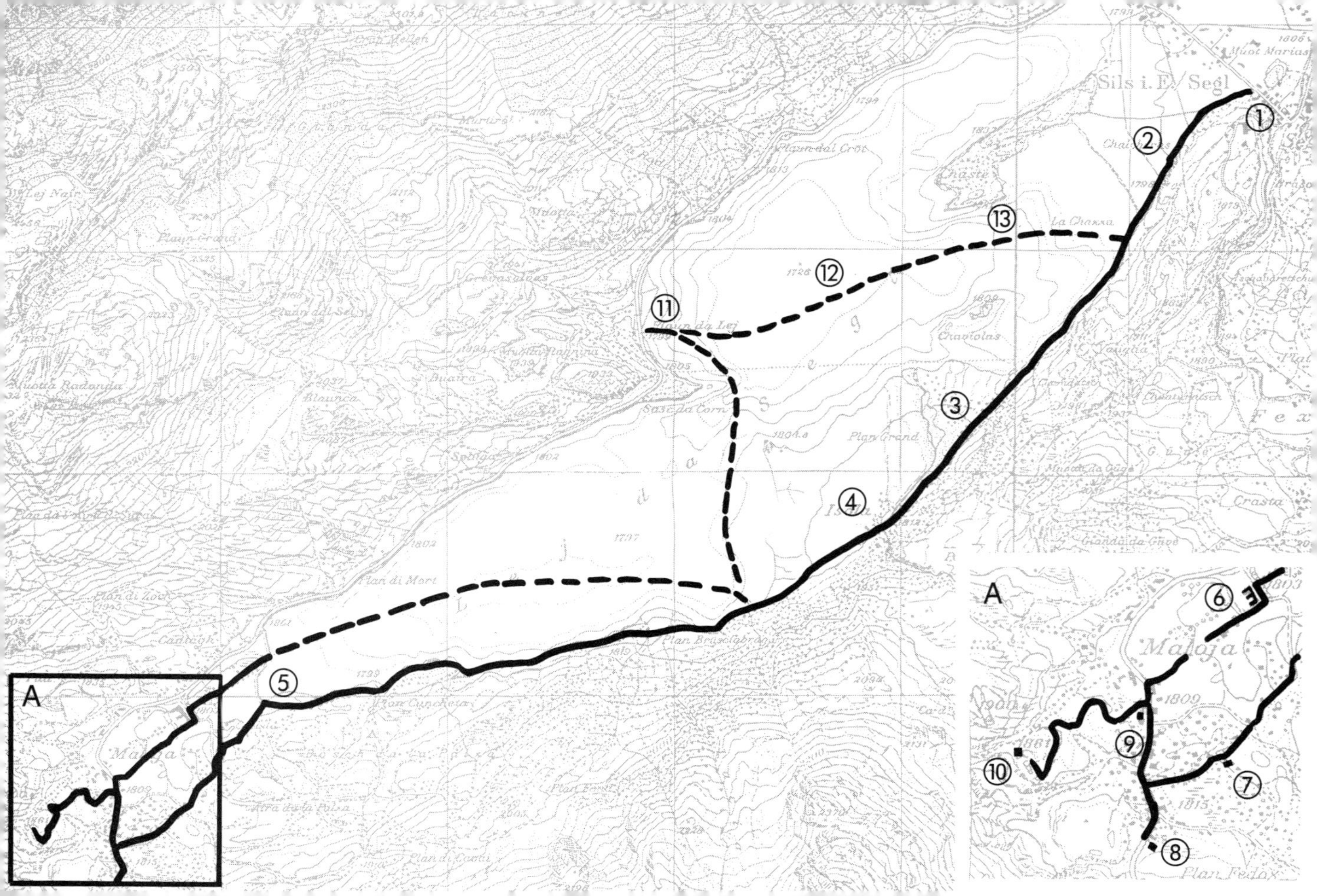
Sils i. E. / Segl
①
②
③
④
⑤
⑥
⑦
⑧
⑨
⑩
⑪
⑫
⑬
A
A
Maloja
La Chassa
Chaviolas
Plan Grand
Plan di Mort
Plan Cuncheta
Plan Brüscabrega
Sass da Corn
Plan da Lej
Spluga
Crasta
Fex

Es gibt zwei Möglichkeiten, um nach Maloja zu kommen, dem Ort am Ende der Seenplatte des Oberengadin, der zugleich das Tor zum tief unten liegenden lieblichen Bergell ist. Man kann mit dem Postauto von Sils-Maria über Sils-Baselgia am Ufer des Silsersees entlang bis zur Post Maloja fahren oder, wie wir es tun wollen, diesseits des Sees unterhalb der Berge zu Fuß nach Maloja wandern. Eine extravagante, aber unvermögende und unorganisierte Dame, wie es die erwähnte Annette Kolb war, setzte sich abends in den Kopf, billiger in Maloja als in Sils-Maria zu übernachten. Es war Anfang September 1918:

»Ein ungewöhnlich starker Mond stand in seiner ganzen Fülle; es wuchsen die Berge unter seinem Hauch, das Dorf erblaßte wunderbar, eine graue Bank ward ganz sie selbst. Die Funksprüche der sich bereitenden Nacht liefen wie toll alle Täler entlang, und schon waren alle Täler berauscht. Auf dem Platze hielt ein Gespann, die Gäule hielten die Köpfe gesenkt, als ob sie träumten. Ich lief hinzu. Es war die Post, die nach Maloja fuhr. Es gab noch einen Platz. Ich sprang hinein. Die Pferde zogen an. Bevor wir noch das Ufer erreichten, stieg ein Reisender aus. Außer mir blieb nur ein Liebespaar, das sich an den Händen hielt. Es war sich Mondschein genug. Den Kopf hinausgestreckt, trank ich diese Nacht, und hatte sie für mich allein. Nichts war mehr, wie es war. Der See lag im Silberschleier regungslos wie eine Tote, und der Mond goß Myrthensträuße über sie herab. Nur das Gras des Ufers erhob sich in gespenstiger Lebendigkeit. Sicher war es nur ein Spiel der Luft, daß die Berge hier zerfielen, Blöcke sich lösten, als sei die Welt zu Ende; Felsensäle bauten sich in die Klüfte ein, Riesengemächer warfen sich dazwischen. Es konnte nicht sein, und so sah die Welt nicht aus. Auch die Liebesleute waren anders wie zuvor. Dieser edle Pensieroso stieg als ein unscheinbarer Tourist in Sils Maria ein, und sie hatte weder dieses Haar, noch diese Lippen gehabt. Morgen würde hier die Sonne auf ödes Schilf vielleicht hinbrüten und das Paar nicht zu erkennen sein.

Als um ein Uhr morgens der Wagen mitten in Maloja hielt, stieg es wortlos aus. Ich hatte kein Quartier bestellt und kam nicht unter. Außerhalb des Ortes lag noch ein Hotel. So marschierte ich jetzt allein die taghelle Straße weiter, geradewegs auf einen neuen Absturz zu. Dort stand das Haus. Ein junges und verschlafenes Mädchen führte mich über manche Treppe hinauf: zufällig stünde das einzige Zimmer frei, das für Gäste reserviert blieb. Alle andern hielt während des Krieges die Militärbehörde in Beschlag. Die nächste Poststation sei italienisch.

Sie reichte mir eine Petroleumlampe und verschwand. Die Stube hatte zwei Fenster und war schneeweiß. Ich warf den Kopf weit auf die mondbeschienenen Kissen zurück. So angelangt!«

Nun, wir fahren nicht mehr nachts ohne Anmeldung mit dem Postwagen, sondern machen, wie angekündigt, an einem Sommertag oder Wintervormittag einen Spaziergang nach Maloja.

Wir gehen von der Chesa Cumünela die Straße in Richtung Sils-Baselgia, vorbei am Café Schulze, und schlagen am Ende der Mauer der »Alpenrose« den Wiesenweg nach Isola ein.

❶ An der Abzweigung

Heute wird man keinen Moment mehr zögern, den angegebenen Weg zu nehmen, denn auf der Fahrstraße zu wandern, ist angesichts des Verkehrs strapaziös und auch lebensgefährlich. Als Hermann Hesse zum erstenmal im Juli 1905 mit seinem frühen Freund, dem Schriftsteller Ludwig Finckh, von St. Moritz ins Oberengadin kam, hatte man noch die Wahl:

»Während mein Kamerad, der die Höhe schlecht ertrug und nachts nicht schlief, immer stiller und mißlauniger wurde, kam mir trotz Staub und Hitze das oberste Inntal wie ein vorgeträumtes Paradies entgegen. Nach einem Übernachten in Sils Maria (wo ich heute wieder bin und diese Notizen schreibe) standen wir am letzten der Engadiner Seen, ich forderte meinen reisemüden Freund vergeblich auf, er möge doch die Augen auftun, über den See weg nach Maloja und gegen das Bergell blicken und sehen, wie unerhört edel und schön dies Bild sei, es war vergeblich, und gereizt sagte er, mit ausgestrecktem Arm in die gewaltige Raumtiefe weisend: ›Ach was, das ist eine ganz gewöhnliche Kulissenwirkung.‹ Worauf ich ihm vorschlug, er möge die Landstraße nach Maloja gehen, während ich auf der andern Seeseite den Fußweg nahm. Am Abend saß auf der Terrasse der Osteria Vecchia jeder von uns beiden, weit vom andern, allein an einem Tischchen und aß seinen Imbiß, erst am nächsten Morgen versöhnten wir uns und sprangen vergnügt die Abkürzungen der Bergellstraße hinab.«

Fischerboote am Silsersee. Um 1930

❷ Am Silsersee

Nietzsche liebte den Weg zur Chasté, aber auch den Spaziergang nach Isola. Möglicherweise hatte man schon damals dort am Bootshaus Gelegenheit, ein Ruderboot zu mieten. Nietzsche ließ sich gern über den See rudern, wie Meta von Salis erzählt:

»Im Sommer 87 war Nietzsche zuweilen sehr heiter und zu harmlosen Scherzen aufgelegt. Es machte ihm Freude, mich und meine Freundin auf den See zu begleiten, er ließ sich in die Kunstgriffe des Ruderns einweihen und genoß den leichten Schimmer von Gefahr, den die Fahrt bei heftigerem Wind bekam. ›Sie sind doch eine rechte Abenteurerin‹, rief er mir zu, als ich ihn eines Morgens bei gewitterschwerem Himmel, als er sich zur verabredeten Zeit nicht einfand, holen ließ und ungeduldig im Boot stehend erwartete. Und meiner Freundin, die ihm erzählt hatte, daß sie die tugendhaften Bedenken einer Dame, mit uns zu fahren, ohne am Boote mitzuzahlen, mit der Versicherung entkräftet habe, daß sie uns als Ballast von Nutzen sei, versprach er beim Aussteigen ›das Andenken eines dankbaren Ballastes‹.«

Unser Weg führt auf einem schmalen Pfad leicht ansteigend über Stock und Stein durch den Wald. Hier kann man sich den Ort einer anderen Begegnung vorstellen.

❸ Auf der Höhe vor Isola

Marie v. Bradke, die Nietzsche im Sommer 1886 hin und wieder begleitete, erzählt:

»Besonders genoß ich es, wenn er die Schönheiten der Natur besprach und vorzeigte. Nie wieder habe ich ein feines Auge für sie wie das seinige im Laufe meines Lebens zu finden die Freude gehabt.

Einmal, es war auf dem schmalen Wege über dem Silser See, flüsterte er mir, wie heimlich, zu: ich solle mit ihm gehen, er wolle mir einen Punkt zeigen, den er allein kenne und der ihm vor allen lieb sei.

Durch Gestrüpp ging es, und aus einem Meer von blühenden Alpenrosen schaute plötzlich der Silser See mit seiner großartigen Umrahmung.

Hier muß man sitzen, sagte ich, und nahm Platz unter dem rotglühenden Gesträuch. Das erfreute ihn außerordentlich. ›Gleich haben Sie erkannt, daß nur so das Bild sich vollende.‹

Ich habe diesen Punkt nur selten zu betreten gewagt und ihn niemandem verraten. Der sollte ihm allein gehören.«

Rilke ging dreißig Jahre später mit dem Ehepaar Junghanns ebenfalls diesen Weg. Inga Junghanns erinnerte sich:

»Am dritten Tag machten wir einen Spaziergang am Silser See entlang. Der Pfad nach Isola war schmal. Wir gingen im eifrigen Gespräch. Ich hatte Angst, Rilke könne fehltreten und den steilen Abhang hinunterstürzen. Deshalb zog ich ihn hastig nach der Innenseite des Weges hinüber und sagte: ›Sonst kollern Sie mir am Ende den Berg hinunter.‹ Meine ganz trockene Bemerkung, die gerade in eine längere Rede ganz ideeller Art hineinfiel, klang Rilke so drollig, daß er sich mit dem Rücken gegen die Felswand stellte, lange herzlich lachte und dann in befreiender Fröhlichkeit und mit einem strahlenden Blick, der die ganze Landschaft umfaßte, schelmisch-glücklich zu mir

Auf dem Weg nach Maloja. Zeichnung von Hans Mähly

emporschaute: ›Ach, wie wohl tut mir das, wieder so zu lachen! So leicht und froh wie hier in dieser Luft war ich seit Jahren nicht! Nun dürft Ihr mich nicht auslachen – aber darf ich, darf ich noch einen Tag hier blieben?‹ Und so blieb er denn vier volle Tage bei uns in Sils.«

Nach einem halbstündigen Fußweg erreichen wir, immer den Silsersee zur Seite und dahinter die Bergkette, eine kleine Ortschaft.

❹ Isola

Es ist eine Häusergruppe auf einer Halbinsel, die im Laufe von Jahrtausenden durch die Ablagerungen des reißenden Fedozbachs entstanden ist, dessen Wasser von der Höhe in eine wilde Schlucht stürzen. Über eine kleine Brücke kommen wir am Ende des Dorfes zum Gasthaus Lagrev.

Schon Jakob Christoph Heer kannte es. Er schrieb in seinen *Streifzügen im Engadin* (1898): »Unter dem schönen Bergbild der Margna schimmert auf dem grünen Delta des Fedozbaches, der den Silsersee in zwei Becken abzuschnüren droht, wie andere Bergbäche mit ihrem Geschiebe die oberengadinischen Seen voneinander getrennt haben, der Weiler Isola, dessen altehrwürdiges Herrenhaus mit seinen Malereien noch von den fernen Zeiten träumt, wo die Herren von Plurs am Silsersee ein Bergwerk ausbeuteten.«

Nun führt der Weg weiter nahe dem See. Nachdem wir eine Stunde gegangen sind, kommen wir – einen Campingplatz haben wir gerade hinter uns gelassen – an das Ende des Sees. Wie man Sir Arthur Conan Doyle, der übrigens auch in Maloja war, in Davos einen Gedenkstein gesetzt hat, so tat man es hier, am Weg nach Maloja, für einen anderen bedeutenden Engländer aus der gleichen Zeit.

❺ Gedenkstein für Thomas Henry Huxley

Am Weg steht linker Hand der Granitstein, den man dem großen englischen Zoologen nach seinem Tod gesetzt hat. Die Inschrift lautet: »In Memory of the illustrious English Writer and Naturalist, Thomas Henry Huxley, who spent many summers at the Kursaal, Maloja.«

Huxley (1825–1895) war ein bedeutender Naturforscher, der die Darwinsche Abstammungslehre weiter ausbaute, in England hohe Ämter innehatte und durch zahlreiche naturwissenschaftliche Werke Weltruhm erworben hat. Zwischen 1888 und 1893 war er oft Gast des Hotels »Kursaal«. Nietzsche ist dem damals 63jährigen Engländer allerdings nicht begegnet.

Für uns ist der Gedenkstein zugleich eine Erinnerung an die vielen Briten, die im Oberengadin Erholung suchten, so auch an die Schriftstellerin Helen Zimmern und an Emily Fynn und Tochter, die Damen, mit denen Nietzsche Umgang in Sils-Maria und Maloja hatte.

Nach wenigen Schritten erblicken wir mit den ersten Häusern von Maloja, vor uns liegend, einen imposanten Palast.

Thomas Henry Huxley

❻ Hotel »Kursaal«

Die Geschichte dieser monumentalen Anlage ist der größenwahnsinnige Traum eines belgischen Glücksritters, des Comte Camille Frédéric Maximilien de Renesse (1836–1904), der mit dem Vermögen seiner Frau in den Jahren blühender Wirtschaft nach 1880 aus dem kleinen Dorf Maloja eine mondäne Gebirgsstadt mit dem größten Kursaal der Alpen, dem modernsten Schloß auf der Höhe über Maloja, mit Kirchen, Villen, Chalets und neuesten technischen Einrichtungen geplant hatte. Zu diesem Zweck hatte er fast das ganze Gelände südlich des Silsersees von der Gemeinde gekauft. Er begann mit dem Bau des Schlosses Belvedere und ließ gleichzeitig mit Hunderten von Arbeitern unweit

Blick auf das Hotel »Kursaal«

des Sees das Hotel von gewaltigen Ausmaßen mit den damals modernsten Installationen – Heizung, Lüftung, Aufzügen – in der unglaublich kurzen Zeit von knapp zwei Jahren errichten. Bereits 1884 konnte das Luxushotel eröffnet werden. Doch der Graf hatte Pech: Seine Frau starb mit 38 Jahren. So war er Anfang 1885 wirtschaftlich am Ende, er mußte seine riesigen Investitionen von 4,5 Millionen belgischen Goldfranken der Bank überlassen. Comte Camille de Renesse, der seit 1883 auf Schloß Beaulieu in Nizza lebte und Bücher zu schreiben begonnen hatte, nahm sich am 12. Juni 1904 das Leben.

Die »Caisse des Propriétaires« in Brüssel war als Hauptgläubigerin Eigentümerin des Hotels geworden, eine Betreibergesellschaft wurde gegründet. In einer Broschüre von 1891 heißt es:

»Die Gründung des Kursaals (1810 m Seehöhe) ist unbestritten eine der kühnsten und großartigsten Unternehmungen der Neuzeit, und zwar gerade deshalb, weil man im Schoße der abgelegenen Hochgebirgswelt eine monumentale Anlage von so riesenhaften Abmessungen am wenigsten erwartet. Ohne alle Übertreibung darf behauptet werden, daß auch der inneren Einrichtung nach kein Gasthof-Palast der gesamten Schweiz, selbst das Ende 1888 eröffnete Grand-Hôtel in Territet-Montreux nicht ausgenommen, mit Maloja in die Schranken treten könne.«

Die Belle Époque des Hotels »Kursaal« dauerte von 1884 bis 1934. Konzerte und Bälle wurden in den weitläufigen Sälen veranstaltet. Nach einer anglikanischen wurde auch eine katholische Kirche gebaut. Auf dem weiträumigen Gelände zwischen Hotel und Straße war ein begehrter Golfplatz entstanden, auch Tennisplätze waren in den Parkanlagen eingerichtet worden. Im Winter war das Hotel voller Gäste, die sich dem Skisport oder dem Eislauf hingaben. Es herrschte mondänes Leben im Hotel »Kursaal«, das erst in den dreißiger Jahren zu Ende ging. Seither wird das Haus vor allem als Ferienhaus für belgische Kinder genutzt.

Der Belgier Comte Camille Frédéric Maximilien de Renesse

Der alte Konzertsaal im Hotel »Kursaal«. 1890

Pferdegespann vor dem Hotel »Kursaal«. Um 1900

Nietzsche hat den Hotelbau – »für die katholische Aristokratie«, vermutete er noch 1884 gegenüber Resa von Schirnhofer – miterlebt. Den Hotelbetrieb lernte er 1887 kennen. Das reiche »englisch-russische Trio« aus der »Alpenrose« – Mrs. Fynn, ihre Tochter und Fürstin von Mansuroff – genoß die Großzügigkeit des mit vielen Sälen weitläufig ausgestatteten »Kursaal«-Hotels. »Vorgestern habe ich meinen englisch-russischen Damen einen Besuch gemacht, sie sind dies Jahr in Maloja – wir waren heiter und herzlich zusammen, das Hôtel übrigens in einem angenehmen Luxus«, schrieb Nietzsche im Juli 1887. Er war sichtlich beeindruckt von dem »prachtvollen Maloja-Hotel«. Es war ganz ungewöhnlich für ihn, der sich so viel auf seine Einsamkeit zugute hielt, daß er Emily Fynn am 17. August 1887 in einem liebenswürdigen Brief schrieb:
»Inzwischen, nach jenem köstlichen und reichen Tage bei Ihnen, habe ich gelebt wie ein Höhlenbär – sehr arbeitsam und, wie mir scheint, verbessert in Hinsicht auf Gesundheit und Geduld. Wenn Alles glückt, was ich just unter der Hand habe, gedenke ich ein paar Stunden der Erholung bei Ihnen zu feiern, hoffend, daß inzwischen auch bei Ihnen der schöne Sommer und die heroische Landschaft Malojas stärkend und hoffnungsgebend gewirkt hat.«
Die Damen verwöhnten den höflichen Philosophen, und dieser schrieb ein paar Tage später nach Hause: »Gestern besuchten mich meine Engländerinnen im

Wagen, ich fuhr noch ein halbes Stündchen mit ihnen, als sie zurück mußten. Im Hôtel Maloja, wo sie immer noch weilen, ist die Saison dies Mal sehr gut (ca. 300 Personen); der neuliche Maskenball hat der Miss Fynn einen großen Erfolg gemacht (die Zeitungen berichten selbst davon); man will mir sie bei meinem nächsten Besuch in den 2 Kostümen präsentiren, welche sie damals gehabt hat: erst als russische Hofdame, dann als russische Bäuerin. Es sollen die schönsten Costüme des Balls gewesen sein. – Um einen Begriff von der Frequenz zu geben: Am 9ten August verkehrten in Maloja, bei dem Hôtel, c. 900 Wagen, davon c. 500 Kutschen und Equipagen. Sehr nizza-mäßig, dagegen hält unser Sils seinen idyllischen Charakter fest.« (19. 8. 1887)

»Sehr nizza-mäßig«: Nietzsche kannte die große Welt des Südens, und so mag er unter dem Eindruck der ihm gewogenen Engländerinnen den Luxus des »Kursaal«-Hotels genossen haben. Da 1888 die Damen nicht ins Engadin reisten, blieb Maloja für Nietzsche eine Episode.

Unser Weg führt nun an den Ortsrand von Maloja. An einer Abzweigung geht der bezeichnete Weg zum Bergfriedhof hinauf.

7 Giovanni Segantinis Grab

Hier liegt der Maler begraben, der den Namen Malojas berühmt gemacht hat: Giovanni Segantini (1858–1899). »Arte ed amore vincono il tempe« (Kunst und Liebe besiegen die Zeit) steht über dem Familiengrab. Aus Oberitalien gebürtig, lebte er seit 1886 in Savognin am Julierpaß und siedelte 1894 mit seiner Frau und den vier Kindern nach Maloja über. Er wurde der bedeutendste Maler der Hochgebirgslandschaft: Er hatte eine

Grabstätte der Familie Segantini

Giovanni Segantini

Maltechnik entwickelt, die durch sehr feine dichte Strichlagen den Bildern eine besondere Wirkung verlieh. Sein Triptychon *Werden – Sein – Vergehen,* für das der Kuppelsaal des ihm gewidmeten Segantini-Museums in St. Moritz geschaffen wurde, ist eine symbolische Bildfolge des harten Lebens einer Bergbauernfamilie. Die eindrucksvollen Bilder sollten Studien sein zu dem Projekt eines gigantischen Rundbildes mit einer Fläche von 4400 qm. Dafür plante Segantini einen Kuppelbau von 100 m Höhe und 85 m Durchmesser! Dieser Riesenpavillon sollte auf der Pariser Weltausstellung 1900 für das Engadin werben. Man kann den Plan – in seiner Dimension der Hochgebirgsstadt des Grafen Renesse vergleichbar – eigentlich nur angesichts der Träume Nietzsches vom Übermenschen begreifen. Das Projekt scheiterte an der Finanzierung. Segantini selbst starb unerwartet 41jährig in einer einsamen Berghütte auf dem Schafsberg, in 2700 m Höhe am 28. September 1899 an einer Bauchfellentzündung.
Franz Servaes hat die letzten Tage des visionären Künstlers in seiner Biographie geschildert: »Als das Wetter sich wieder aufklärte und ein Schimmern, Glänzen, Funkeln und Blitzen in der Luft den herrlichsten schneeklaren Tag verkündigte, da packte den Kranken glühende Sehnsucht nach seinen Bergen. ›Voglio vedere le mie montagne!‹ sagte er flehend und ließ sich sein Bett an das kleine niedrige Fenster rücken. Dort lag er dann, unverwandt den Blick in die gegenüberliegende Bergkette versenkt, die gleiche, die er auf seinem Bild hatte zu Ende malen wollen. Aber in diesem Blikke lag kein wehmütiges Abschiednehmen, in diesem Blicke lag der ganze Heißhunger des Malers und des Verliebten ... Nichts hat die Anwesenden in all jenen Tagen so ergriffen, als dieser heiße schöpferische Lebensblick des Sterbenden. Aber alle innere Leidenschaft ver-

Giovanni Segantini, Die Verkündigung des neuen Wortes. Kreidezeichnung, 1896. Entwurf für eine italienische Nietzsche-Ausgabe

mochte der Natur nicht mehr zu trotzen.«

Wir gehen vom Friedhof zur Hauptstraße, biegen nach links und erreichen am Ortsende das auf der Paßhöhe von Maloja gelegene Hotel.

❽ Hotel »Kulm«

Das 1646 auf den vorgelagerten Felsen als Herberge gebaute Haus wurde 1870 erneuert und 1910 erweitert. Von hier hat man einen herrlichen Blick in das Bergell mit seiner grandiosen Gebirgslandschaft und dem tief unten liegenden Tal.

Hier haben viele Maler ihre Staffelei aufgestellt und die Bergwelt auf die Leinwand gebannt. So war Marc Chagall oft zu Gast im Hotel »Kulm«. In den Räumen hängen auch die Gebirgslandschaften von Clara Porges, eine besonders eindringliche Bildergalerie. Im September 1951 logierte Oskar Kokoschka (1886–1980) im Hause, der große österreichische Maler, der als expressionistischer Künstler begonnen hatte. »Ich glaube, wir bleiben hier zwei Wochen, weil ich eine Aussicht gefunden habe, die ich malen kann«, schrieb er seiner Schwester Berta. Das große Ölbild *Maloja* ist damals entstanden.

Geht man die Straße ein kleines Stück weiter, findet man den Wegweiser zu jenem unvergeßlichen Ort, den auch Nietzsche im August 1888 noch kennenlernen sollte. Meta von Salis hat dies überliefert:

»Trotz der trostlosen Wetterverhältnisse, die auf Nietzsche's Gesundheitszustand und seine Stimmung drückten, gelang uns ein Ausflug an den Cavloccia-See. Nietzsche sah den mit seinem düstern Gepräge in dieser Gegend die

Hotel »Kulm«. Um 1890

Am Cavlocciasee. 1906

Ausnahme bildenden Wasserspiegel zum ersten – und zum letzten Mal. Unterwegs war er angeregt und voll von Erinnerung an die Kindheitstage in Naumburg und an seine Mutter. ›Sie hatte wunderschöne Augen‹, bemerkte er und wußte es der jungen Witwe, der es an Bewerbern nicht gefehlt hatte, herzlich Dank, daß sie ihm keinen zweiten Vater gegeben, der in die Erziehung des ›seltsamen Menschenkinds‹ mit rauher Hand eingegriffen haben möchte. Oben blieb er auf der Bank im Vordergrund des Sees in schwermüthigem Schweigen sitzen, bis ich ihn leise zum Aufbruch mahnte. Am andern Tag ging er, wie so oft, nach Silvaplana auf die Post und erzählte mir nachher, er habe den dortigen Beamten eine begeisterte Schilderung von dem See gemacht.«

Wir schließen die Wanderung an den Cavlocciasee nicht ein, sondern gehen vom Hotel »Kulm« die Hauptstraße durch den Ort zurück, bis wir kurz vor der Post gegenüber dem alten Hotel »Schweizerhof« auf der linken Seite ein großes altmodisches Holzchalet erblikken und dahinter einen runden Bau.

❾ Giovanni Segantinis Atelier

Es ist der Ort, an dem der Maler die letzten Lebensjahre gearbeitet hat. Das Atelier wurde restauriert, und man kann es seit 1980 besichtigen. Anhand vieler Dokumente lernt man die letzte Lebens-

Das Segantinihaus in Maloja

station dieses für die Jahrhundertwende typischen Malers kennen. Hier arbeitete mit ihm einige Zeit auch Giovanni Giacometti (vgl. Seite 45). Das Atelier wurde später von Segantinis Sohn Gottardo (1882–1974), ebenfalls Maler, genutzt, der das Erbe des Vaters verwaltete.

Vom Segantinihaus führt ein anmutiger Weg aufwärts, vorbei an den Naturwundern der sogenannten Gletschermühlen aus der Eiszeit. Wir erreichen nach einer Viertelstunde die Reste einer nie vollendeten Anlage.

⑩ Der Turm Belvedère

Graf Renesse wollte hier oben mit dem Blick ins Bergell parallel zu seinem »Kursaal«-Hotel seine private Residenz bauen. Doch nur der Turm wurde aufgezogen. Giovanni Segantini hinterließ eine Zeichnung, ein unausgeführtes *Projekt zum Ausbau von Belvedère*. 1904 wurde das Ensemble zu einem Hotel ausgebaut und über viele Jahrzehnte als Dépendance des Hotels »Kursaal« betrieben, später aber abgerissen. Heute steht nur noch der Turm, der zwischen 1988 und 1991 restauriert wurde und für Ausstellungen genutzt wird. Er bietet eine prächtige Aussicht über das Oberengadin und das Bergell.

Der Philosoph Ernst Bloch (1885–1977), der 1933 zunächst in die Schweiz emigrierte, hielt sich im August 1934 in Maloja auf und wohnte bei dem Schulmeister Gaudenzo Giovanoli im letzten Doppelhaus auf der rechten Seite am Ortsausgang nach Sils-Maria. Er hinterließ einen 1934 geschriebenen Text *Maloja – Chiavenna – Drift,* der den Weg ins Bergell symbolisch beschreibt: »Kehre um Kehre zieht die alte Schlucht von Maloja herunter ins Bergell. Diese Abfahrt nach Italien dürfte die jäheste, dabei die fühlbarste und lebendigste sein. Kein nordsüdlicher Bergtunnel ist damit vergleichbar, auch der durch den Gotthard nicht, trotz der gleichsam ausgelegten Plötzlichkeit des Wechsels. Drehung um Drehung mildert sich die hochalpine Welt und was in ihr gedeiht; Arven und Lärchen lassen nach, nun erscheint die Tanne, nicht vereinzelt, sondern fast schon einen kleinen Wald bildend, zwischen dessen Stämmen die Sonne scheint und ein Stück Himmel Platz hat. Hindurch fallend voran geht die Fahrt, aber rückwärts geht die Jahreszeit: aus frühem Herbst in frühen August. Voller wird das botanische Orchester, füllt sich mit immer zugetaneren Stimmen, der Norden zieht ab und schmilzt in der weichen, schweren Luft des Mittags. Jetzt auch steigt die erste Zeder aus der Tiefe, die Wipfel heben sich und werden ein

Hotel »Belvedere« in Maloja. 1906

Plaun da Lej. Um 1900

Dach. Rückwärts aber, welches Bild, das den Absturz einfaßt ...«

Wir kehren zur Straße zurück, warten nicht auf den Postbus, der nach Sils-Maria fährt, sondern gehen an dem ehemaligen »Kursaal«-Hotel vorbei zum Bootsanleger. Von dort bringt uns das Motorboot nach Sils zurück.

⓫ Plaun da Lej

Das Boot legt hier an. Plaun da Lej, unterhalb des einsamen Bergdorfs Grevasalvas an der Straße zwischen Maloja und Sils-Baselgia gelegen, ist eine Ansiedlung weniger Häuser mit zwei Pensionen. Hier war das italienische Restaurant, in dem das Ehepaar Junghanns mit seinem Gast Rainer Maria Rilke 1919 einkehrte, der sich an diesen Ort, an dem damals noch kaum ein Auto vorbeifuhr, gern erinnerte.

⓬ Auf dem Silsersee

Man hat während der weiteren Fahrt einen herrlichen Blick auf das Panorama der ringsum aufsteigenden Berge. Auch Nietzsche wird ihn genossen haben. Wir berichteten schon, wie Meta von Salis ihn im Sommer 1887 zu einer Ruderfahrt eingeladen hatte. Im letzten Silser Jahr wiederholte man eine solche Bootspartie. »Mit Fräulein von Salis auf dem See herumgegondelt«, schrieb Nietzsche an seine Mutter (13. 8. 1888). Die Ruderin hat auch diese Tour festgehalten: »An einem schönen Vormittag im August ruderte ich Nietzsche nach dem kleinen Inselchen zwischen Chasté und Isola, von dem ihm der Entomologe Dr. J. im Herbst 1886 berichtet hatte, daß es an Insektenvolk besonders reich sei. Wir verglichen es mit einem verkleinerten Capri und Anacapri. Später einmal fuhren wir bei trübem Himmel und krausem See um Chasté herum auf die Brücke von Baseglia zu. Mein Begleiter erzählte von Messina und einem Bad, das er in der Meerenge genommen hatte. Wäre nicht ein Hund wie toll um ihn herumgeschwommen, so hätte ein unter dem Wasserspiegel thätiger Strudel ihn unfehlbar verschlungen. ›Andere würden den Finger Gottes und eine besondere Berufung darin erkannt haben‹, schloß er lächelnd. Auch der kleinen Fische und des seltsamen Lebens unter der dicken Eiskruste des Sees im Winter gedachte er.«

⓭ Noch ein Blick auf die Chasté

Ehe wir den letzten Spaziergang mit der Rückfahrt auf dem kleinen Motorboot, dem einzigen Schiff, das auf dem See fahren darf, beenden, werfen wir noch einen Blick auf Nietzsches Lieblingsort in Sils-Maria, seine Chasté. Daß eine nicht wiedergutzumachende Verschandelung zu seiner Zeit abgewendet wurde, erzählt wiederum Meta von Salis: »Er [Nietzsche] lobte, daß der Antrag der Gründer des späteren Kursaals Maloja, die Halbinsel zu kaufen und ihren

Blick über den Silsersee. Um 1930

Hôtelpalast dort aufzuführen, trotz der pekuniären Vortheile, den Gemeinderath von Sils fest fand und abgelehnt wurde. ›Es ist ein vornehmer Menschenschlag‹, sagte er und nahm mit Befriedigung wahr, daß die Scheinvornehmheiten unter den Sommergästen, wenn ein Zufall sie nach Sils geführt hatte und sie dort den hautgoût eleganter Kurorte vermißten, nach Maloja und St. Moritz abströmten.«

Die Chasté ist bis heute so erhalten, wie Nietzsche sie geliebt hat und wie alle sie lieben, die seinen Spuren in Sils-Maria nachgehen.

Nachdem wir so am Bootsanleger angekommen sind, kehren wir zur Chesa Cumünela zurück und haben damit auch unseren sechsten und letzten Spaziergang beendet.

Nietzsche. Foto von Gustav Schultze. 1882

Schlußbemerkung

Zählt man die Zeit zusammen, in der Friedrich Nietzsche zwischen 1881 und 1888 in Sils-Maria war, so kommt man auf mindestens 600 Tage. Jedes Jahr blieb er bis zu drei Monaten. Das alles spricht für seine »Sommer-Residenz Sils-Maria« (14.4.1888). Er hatte schon 1884 Bilanz gezogen: »Ein landschaftlicher Umblick in der Schweiz hat mich von Neuem belehrt, daß Sils-Maria nichts seines Gleichen in der Schweiz hat: wunderliche Mischung des Milden, Großartigen und Geheimnisvollen!« (25.7.) Hatte er bis dahin noch geschwankt, ob er nicht auch Celerina oder Lenzerheide als Erholungsorte in Erwägung ziehen sollte, so stand seit 1885 für Nietzsche fest: ›Sils bleibt mein Sommer-Aufenthalt: das hat sich entschieden, dank einiger Veränderungen, die meinen Augen angemessen waren.« (6.9.1885) Denn, schrieb er vier Wochen später zur Begründung: »Man ist mit der Anlage schattiger Wege und einer Ummöblierung meines Zimmers den Forderungen meiner Augen schönstens entgegengekommen.« (6.10.1885)

Nietzsche war, wie wir gesehen haben, ein anspruchsloser und genügsamer Sommergast. Er hatte sich mit seiner »Höhle« im Haus Durisch abgefunden, ja, diese Behausung gehörte in den letzten Jahren zur Aura, die ihn bei den gutbürgerlichen Gästen in der »Alpenrose« umgab. Er genoß seine Existenz als »Einsiedler von Sils-Maria« und bezeichnete sich gern als »Höhlenbär« gegenüber den Damen, die ihn verehrten.

Daß Nietzsche in Sils-Maria nicht nur als der einsame, in sich gekehrte Philosoph lebte, der, allein in seine Gedankenwelt versunken, seine Spaziergänge machte, bezeugen viele Erinnerungen seiner Zeitgenossen und auch seine Briefe, in denen er nicht selten seine Außenseiterexistenz sogar belustigt darzustellen verstand: »Es wimmelt im Engadin von Menschen, die mich kennen; und wenn ich Zeit hätte, ›eitel‹ zu sein, so könnte ich einen kleinen ›Hof‹ um mich haben. Es vergeht kaum ein Tag, wo mir nicht besondere Aufmerksamkeiten erwiesen werden, und was die Anerbietungen betrifft, mit Vorlesen, Musik-Vorspielen etc., so werde ich behandelt wie ein Prinz. Aber der ›Einsiedler von Sils-Maria‹ fängt an, auf seine ›Würde‹ zu halten ...« (ca. 10.8.1885)

Hatte er sein gedankliches Tagewerk geleistet, und hatte er seine Anfälle, die ihn oft tagelang ans Bett fesselten, überwunden, so konnte Nietzsche ein aufgeschlossener, anregender Gesprächspartner sein. Schon seine äußere auffällige Erscheinung – der buschige Schnurrbart, die dunklen, tiefliegenden Augen, die würdige Haltung – beeindruckte die Sommergäste. Seine »leise Stimme voll Weichheit und Melodie« (Meta von Salis), seine »exquisite Sensibilität und zartfühlende ausgesuchte Höflichkeit« (Resa von Schirnhofer) blieben allen unvergessen, die ihm begegneten.

Sils-Maria war für Nietzsche vor allem ein Ort konzentrierter Arbeit. Die Einsamkeit der Landschaft ermöglichte ihm das »Durchdenken der principiellen Probleme«: Dies machte den Inhalt seiner »Engadiner Hochgebirgs-Sommer« aus (13.7.1885). Dazu dienten ihm die zur Lebensnotwendigkeit gewordenen weiten Spaziergänge, am erholsamsten in trockener Luft unter blauem Himmel. Die kluge Meta von Salis hat diese Le-

bensform zu Recht auf die Griechen bezogen. Sie schreibt: »Es ist nicht Zufall, daß er sich häufig mit der Geschmacksrichtung der alten Philosophen begegnete, so in der Vorliebe im Gehen zu concipieren und zu lehren mit den Peripatetikern, im einsamen Leben mit Heraklit, in der einfachen Diät mit Epikur.«
Die meisten Silser Sommergäste haben Nietzsche, ohne seine Gedankenwelt zu kennen, so erlebt. Sie wurden Zeugen einer ungewöhnlichen Existenz. Ihre Berichte, aus denen wir zitierten, sind dafür anschauliche Dokumente.
Sils-Maria hat trotz aller Modernisierung, der sich der Ort nicht entziehen konnte, auf eine bewundernswert dezente Art die Erinnerung an die Einzigartigkeit eines Philosophen bewahrt, der wie kein anderer das geistige Leben eines ganzen Jahrhunderts nach ihm in der wechselvollen Auseinandersetzung mit seinem Werk geprägt hat und dessen Erbe wir uns heute neu zu stellen haben.
Zeugen dieser Bedeutung eines großen Mannes sind auch alle, die zu seiner Zeit und vor allem nach ihm in Sils-Maria gelebt haben oder zu Gast gewesen sind: Nietzsches bekannte und unbekannte Zeitgenossen und die vielen Gäste – Schriftsteller, Gelehrte, Künstler und Musiker –, die auf seinen Spuren bewußt oder unbewußt, bewundernd, kritisch oder ablehnend gegangen sind.
Spaziergänge in Nietzsches Sils-Maria erschließen uns nicht nur eine unvergleichliche Landschaft, sondern auch eine geistige Welt, in der sich ein Jahrhundert wiederfindet.

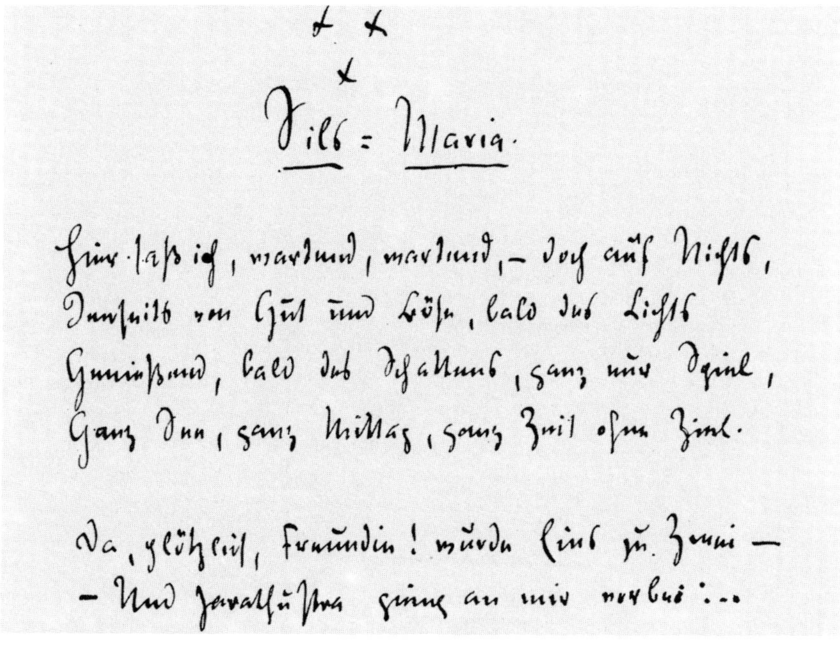
Sils-Maria.

Hier saß ich, wartend, wartend, – doch auf Nichts,
Jenseits von Gut und Böse, bald des Lichts
Genießend, bald des Schattens, ganz nur Spiel,
Ganz See, ganz Mittag, ganz Zeit ohne Ziel.

Da, plötzlich, Freundin! wurde Eins zu Zwei –
– Und Zarathustra gieng an mir vorbei:..

Quellenverzeichnis und Zitatnachweise

Adorno, Theodor W.: In Sils Maria. In: Adorno, Ohne Leitbild. Parva Aesthetica. © Suhrkamp Verlag Frankfurt a.M. 1967, S. 48–51 *Seite 20, 23, 34f., 60, 110*

Altenburg, Wilhelm: Kursaal Maloja im Oberengadin und seine Umgebung. Zürich [1891] *Seite 134*

Amann, Jürg: Die Baumschule. Berichte aus dem Réduit. München 1982 *Seite 36*

Andreas-Salomé, Lou: Friedrich Nietzsche in seinen Werken. Hrsg. von Ernst Pfeiffer. Frankfurt a.M. 1983. S. 180f. *Seite 27*

Begegnungen mit Nietzsche. Hg. von Sander L. Gilman. 2. verb. Aufl. Bonn 1985. – Hier zitiert: Gilman

Benn, Gottfried: Sils-Maria. In: Benn, Ausgewählte Gedichte. 1911–1936. Stuttgart 1936. – Aufgenommen in: Benn, Statische Gedichte. Hg. von Paul Raabe. Zürich, Arche 1983 *Seite 13f.*

Benn, Gottfried: Dennoch die Schwerter halten (Auszug). In: Gesammelte Werke in vier Bänden. Hg. von Dieter Wellershoff. Bd 3: Gedichte © Ernst Klett Verlage GmbH u. Co. KG, Stuttgart 1986 *Seite 14*

Bloch, Ernst: Maloja-Chiavenna-Drift. In: Bloch, Gesamtausgabe. Bd 9. © Suhrkamp Verlag Frankfurt a.M. 1965. S. 448–503 *Seite 142ff.*

Bradke, Marie von: Eine Begegnung mit Friedrich Nietzsche. In: Die Propyläen 17 (1920), S. 394–395. – Wiederabgedr. in: Gilman S. 561–566 *Seite 41, 45f., 131*

Burger, Willy F.: Einige Tage mit Hodler. In: Beat Stutzer [Red.], Das Engadin Ferdinand Hodlers. Chur/St. Moritz 1990. S. 31–33 *Seite 70f.*

Camartin, Iso: Von Sils-Maria aus betrachtet. Ausblicke vom Dach Europas. © Suhrkamp Verlag Frankfurt a.M. 1991 *Seite 14ff.*

Caviezel, Martin: Das Oberengadin. Ein Führer auf Spaziergängen, kleinen und großen Touren. 5. verm. und verb. Aufl. Chur 1886 *Seite 10f., 112*

Celan, Paul: Gespräch im Gebirg. In: Die Neue Rundschau 71 (1960), S. 199–202 Wiederabgedr. in: Gesammelte Werke in fünf Bänden, Bd 5 © Suhrkamp Verlag Frankfurt a.M. 1983 *Seite 65f.*

Curtius, Theodor: Erinnerungen an Sils-Maria. In: Jahrbuch des Schweizer Alpenclubs 19 (1983/84), S. 214–254 *Seite 31f.*

Deussen, Paul: Erinnerungen an Friedrich Nietzsche. Leipzig 1901. S. 92ff. *Seite 20*

Dürrenmatt, Friedrich: Turmbau. Stoffe IV–IX. © 1990 by Diogenes Verlag AG Zürich *Seite 95*

Filippa, Guy: Der »Paradiesmaler« aus dem Fextal. In: Bündner Jahrbuch 1985, S. 32–35. – (S. 32: A. Forrer) *Seite 95f.*

Galli, Eugenie: Im Wohnhaus Friedrich Nietzsches in Sils Maria. In: Deutsche Zeitung, 17. 12. 1899. – Wiederabgedr. in: Gilman S. 500–502 *Seite 21ff., 43f.*

Gilman, s. Begegnungen mit Nietzsche

Hesse, Hermann: Gesammelte Briefe. Hg. von Volker Michels. Bd 4. © Suhrkamp Verlag Frankfurt a.M. 1986 *Seite 24f., 58, 89, 120*

Hesse, Hermann: Engadiner Erlebnisse. In: Neue Schweizer Rundschau (1953/54). – Wiederabgedr. u.a. in: Hesse, Beschreibung einer Landschaft. Hg. von Siegfried Unseld. © Suhrkamp Verlag Frankfurt a.M. 1990. S. 203–225 *Seite 12, 56f., 130*

Hesse, Hermann: Im Auto über den Julier. (1949). U.a. in: Hesse, Beschreibung einer Landschaft. © Suhrkamp Verlag Frankfurt a.M. 1990. S. 203 *Seite 77*

Holitscher, Arthur: Reisen. Potsdam 1928 *Seite 28ff.*

Honegger, Arthur: Nachklang. Schriften, Photos, Dokumente. Hg. von Willi Reich. Zürich 1957. S. 83f. *Seite 55*

Jacobsohn, Siegfried: Briefe an Kurt Tucholsky 1915–1926. Hg. von Richard von

Soldenhoff. München 1989. S. 427ff. *Seite 101, 103*

Junghanns, Inga: [Erinnerungen an R. M. Rilke.] In: Orplid 3 (1927), Rilke-Sonderheft, S. 46–51 *Seite 117f., 131f.*

Kaftan, Julius: Aus der Werkstatt des Übermenschen. In: Deutsche Rundschau 125 (1905), S. 90–110; 237–260 *Seite 97*

Klucker, Christian: Erinnerungen eines Bergführers. Hg. von Ernst Jenny. Erlenbach–Zürich 1931 *Seite 93*

Kokoschka, Oskar: Briefe. Hg. von Olga Kokoschka und Heinz Spielmann. Bd 3 1934–1953. Düsseldorf 1986 *Seite 140*

Kolb, Annette: Zarostro. Westliche Tage. Berlin 1921 © Erben Annette Kolb, München *Seite 109f., 129*

Kraus, Karl: Im Fextal. In: Die Fackel 18 (1916), Nr. 418–422, S. 40 *Seite 90f.*

Kraus, Karl: Briefe an Sidonie Nádherný von Borutin. 1913–1936. Bd 2. Erläuterungen von Friedrich Pfäfflin. München 1974. S. 206 *Seite 89f.*

L., J.: Im Engadin. In: Berliner Börsen-Courier, 30. 8. 1908 (Nr. 407) *Seite 53*

Lardelli, Dora [Red.]: Das Oberengadin in der Malerei. [Ausstellungskatalog.] St. Moritz 1985. (S. 132: Ernst Runderspacher) *Seite 99*

Leyen, Friedrich von der: Leben und Freiheit der Hochschule. Erinnerungen. Köln 1960 *Seite 54*

Lippert, Peter: Aus dem Engadin. Briefe zum Frohmachen. Vorwort von Joseph Bernhart. München 1929 *Seite 34*

Mann, Klaus: Tagebücher. Hg. von Joachim Heimannsberg, Peter Laemmle und Wilfried F. Schoeller. 3 Bde. München: edition spangenberg 1989–1990. – 1934 bis 1935. 1989. – 1936 bis 1937. 1990. – 1938 bis 1939. 1990 © 1993 by Rowohlt Verlag GmbH, Reinbek *Seite 123f.*

Mann, Thomas: Die Briefe. Regesten und Register. Hg. von Hans Bürgin und Hans-Otto Mayer. Bd 1–5. Frankfurt 1976–1987 *Seite 12, 73*

Mann, Thomas: Tagebücher. Hg. von Peter de Mendelssohn. 2 Bde. Frankfurt a.M. 1978–1980. – 1935 bis 1936. © 1978 S. Fischer Verlag Frankfurt am Main – 1937 bis 1939. © 1980 S. Fischer Verlag Frankfurt am Main *Seite 50, 94, 114f., 121*

Mann, Thomas: Tagebücher 1949 bis 1950. Hg. von Inge Jens. Frankfurt a.M. 1991

Meyer, Conrad Ferdinand: Jürg Jenatsch. Eine Bündnergeschichte. Hrsg. von Alfred Zäch. Bern 1958. (= Meyer, Sämtliche Werke. Historisch-kritische Ausgabe. Bd. 10.) *Seite 76*

N. N.: Wo Nietzsche Kaffee trank. In: Kölnische Zeitung, 25. 6. 1910. – Wiederabgedr. in: Gilman, S. 405–407 *Seite 78f.*

Nietzsche, Friedrich: Sämtliche Werke. Kritische Studienausgabe in 15 Einzelbänden. Hg. von Giorgio Colli und Mazzino Montinari. Berlin: de Gruyter/München: dtv 1988 *Seite 7, 35, 68*

Nietzsche, Friedrich: Sämtliche Briefe. Kritische Studienausgabe in 8 Bden. Hg. von Giorgio Colli und Mazzino Montinari. Berlin: de Gruyter/München: dtv. 1986. Bd. 5, 1875–1879. – Bd 6. 1880–1884. – Bd 7, 1885–1886. – Bd 8. 1887–1889. Nachträge; Register. *passim*

Nietzsche, Friedrich: Briefe an Nietzsche [1880–1889]. 3 Bde. Berlin 1981–1984. (Nietzsches Briefwechsel. Kritische Gesamtausgabe. Hg. von Giorgio Colli und Mazzino Montinari. Abt. III. Bd 2, 4, 6) *Seite 112*

Oehler, Klaus: Begegnungen in Sils-Maria. Auf den Spuren Nietzsches. In: Frankfurter Allgemeine Zeitung, 8. 4. 1967 *Seite 23*

Pattenhausen, Hellmuth: Bilder des Südens und Sils-Maria. St. Michael 1983 *Seite 52*

Proust, Marcel: Tage der Freuden. Übers. von Ernst Weiss. © Suhrkamp Verlag Frankfurt a.M. 1965 *Seite 50f.*

Rilke, Rainer Maria: Briefe an Sidonie Nádherný von Borutin. Hg. von Bernhard Blume. Frankfurt a.M. 1973 *Seite 119*

Rilke, Rainer Maria und Inga Junghanns:

Briefwechsel. Hg. von Wolfgang Herwig. Wiesbaden 1959 *Seite 12, 99f., 117*
Rilke, Rainer Maria und Anita Forrer: Briefwechsel. Hg. von Magda Kerényi. Frankfurt a.M. 1982 *Seite 126*
Ruthardt, Adolf: Friedrich Nietzsche und Robert Schumann. In: Zeitschrift für Musik 88 (1921), S. 489–491. – Wiederabgedr. in: Gilman, S. 541–546 *Seite 39f., 67*
Salis, Meta von: Philosoph und Edelmensch. Ein Beitrag zur Charakteristik Friedrich Nietzsche's. Leipzig 1897 *Seite 8ff., 33, 46ff., 84f., 91ff., 131, 140f., 144f., 145f., 149*
Schickele, René: Tagebücher 1918–1934. In: Schickele, Werke. Bd 3. Köln 1959. S. 1011–1129 *Seite 91*
Schirnhofer, Resa von: Vom Menschen Nietzsche. [Brixen 1937] Mitget. von Hans Lohberger. In: Zeitschrift für philosophische Forschung 22 (1968), S. 250–260; 441–458. (Darin S. 441–445: Sils-Maria) – Wiederabgedr. in: Gilman, S. 489–494 *Seite 68, 69*
Schwarzenbach, Annemarie: In Sils. [Gedicht] In: Du 1943, Heft 3, S. 30 *Seite 122*
Serao, Matilde: Es lebe das Leben! Roman. Berlin 1910 *Seite 24*
Servaes, Franz: Skizzen aus dem Engadin II. In: Der Tag, 7. 8. 1901 (Nr. 337) *Seite 12, 49f.*
Servaes, Franz: Giovanni Segantini. Sein Leben und sein Werk. Wien 1902 *Seite 138ff.*
Sils-Engadin. Luft-Kurort 1812 m ü.M. [Zürich 1920] *Seite 32, 33, 45, 63*
Stadler, Margarete: Sils-Maria. Ein Gedenkblatt zum 15. Oktober, dem Geburtstag Friedrich Nietzsches. In: Berliner Tageblatt, 14. 10. 1907 *Seite 111*
Stiebel, Marie-Anne: Woran ich mich erinnere. In: Hermann Hesse in Augenzeugenberichten. Hg. von Volker Michel. Frankfurt a.M. 1990. S. 423–430 *Seite 58ff.*
Szondi, Peter: Briefe. Hg. von Christoph König und Thomas Sparr. Frankfurt a.M. 1993 *Seite 65*
Tucholsky, Kurt: Kartengruß aus dem Engadin. In: Tucholsky, Gesammelte Werke. Bd 4. © 1960 by Rowohlt Verlag GmbH, Reinbek. S. 471 *Seite 102f.*
Tucholsky, Kurt: Vier Sommerplätze. In: Tucholsky, Gesammelte Werke. Bd 4. © 1960 by Rowohlt Verlag GmbH, Reinbek. S. 479–481 *Seite 101f.*
Über Sils und das Oberengadin. O. O. und o.J. 20 S.
Walter, Bruno: Thema und Variationen. Erinnerungen und Gedanken. © 1988 S. Fischer Verlag Frankfurt a.M. (Sonderausgabe) *Seite 12f.*
Wels, Carolus: Im Schatten der Akazien. Heiteres Singen – Ernstes Sagen. Dresden 1911 *Seite 16*
Ziegler, Leopold: Briefe 1901–1958. Vorw. von Erwin Stein. München 1963 *Seite 58*

Ungedruckte Quellen

Gästebücher:
– Hotel Edelweiß 1876–1927.
– Hotel Alpenrose 1879–1901.
– Hotel Waldhaus 1908–1951.
– Pension Privata 1921–1970.
– Pension Chasté 1959–1982.
– Nietzschehaus 1959ff.
Hesse, Hermann: Brief an seine Schwester. 10. 8. 1951. Schiller-Nationalmuseum Marbach a.N. © Heiner Hesse, Arcegno/Tessin *Seite 83f.*
Schmidt-Löbbecke, Caroline: Briefe an Elisabeth Förster-Nietzsche. Goethe- und Schiller-Archiv Weimar. *Seite 71f.*
Zuckmayer, Carl: Blick von der Marmoré gegen Abend. 29. 8. 1964. Im Gästebuch des Hotels »Margna«. © Erben Zuckmayer, München *Seite 115*

Literaturhinweise

Badrutt, Peter Robert: Historische Zusammenstellung der Urkunden über das Privateigentum am Silser See. Mit e. Karte. Chur 1903.

Baedeker, Karl: Die Schweiz nebst den angrenzenden Theilen von Oberitalien, Savoyen und Tirol. Handbuch für Reisende. 22. Aufl. Leipzig 1887.

Baggerman, Georges: Maloja in het hoge dal. Honderd jaar hotelleven. 2. erweiterter Druck. O. O. 1992.

Bloch, Peter André: Nietzsche-Haus in Sils-Maria. Chur 1991.

Boppart, Rudolf: Sils im Engadin. (2. Aufl.) St. Gallen 1994.

Burckhardt, Carl J.: Nietzsche en Suisse. Conférence donnée ... le 11 juin 1970. (Lausanne 1970.)

Fremdenblatt für Oberengadin, Unterengadin, Davos, Prättigau, Oberland, sämtliche Luftkurorte, Hotels und Pensionen. Chur 1881 ff.

Gaudenzi, Eduard: Silvaplana intuoru ils ans 1880 e decennis seguaints. (Samedan 1960.)

Janz, Curt Paul: Friedrich Nietzsche. Biographie. Bd 1–3. München 1978–1979.

Kienberger, Rolf und Urs Kienberger: Streiflichter aus der Waldhausgeschichte 1908–1983. Sils-Maria 1983.

Koch von Berneck, M.: In dreißig Tagen durch die Schweiz. Rundreisen im Rayon der interessantesten Gegenden. 5. Aufl. Zürich 1883.

Langer, Bernd: »Leb wohl, mein liebes Engadin«. Chur 1984.

Lardelli, Dora [Red.]: Das Oberengadin in der Malerei. [Ausstellungskatalog.] St. Moritz 1985.

Dies. [Red.]: Andrea Robbi 1864–1945. Ausstellung im Segantini-Museum St. Moritz. St. Moritz 1988.

Dies.: Das Segantini-Museum in St. Moritz. Bern 1990. (Schweizerische Kunstführer.)

Lohberger, Hans: Eine Grazerin als Freundin Nietzsches und des Hauses Wahnfried. In: Nachrichtenblatt 1969/70 der Österreichischen Richard-Wagner-Gesellschaft, S. 13–24.

N. N.: Vor 50 Jahren wurden in Silvaplana die Engadiner Konzertwochen gegründet. In: Der Postillion vom Julier. Jahrbuch 1990. S. 10–15.

[Oehler, Max:] Nietzsches Bibliothek. [Katalog] Weimar 1942. (14. Jahresgabe der Gesellschaft der Freunde des Nietzsche-Archivs.)

Pernet, Martin: Friedrich Nietzsches Bekannte im Engadin. In: Bündner Jahrbuch 1994. Im Druck. – Erscheint auch als Sonderdruck. (Über P. R. Berry, G. Caviezel, G. Durisch, D. Ritter, D. Riz à Porta u. a.)

Poeschel, Erwin: Die Kunstdenkmäler des Kantons Graubünden. Bd 3. Basel 1940.

Rucki, Isabel: Das Hotel in den Alpen. Die Geschichte der Oberengadiner Hotelarchitektur von 1860 bis 1914. Zürich 1989.

Schleicher, Berta: Meta von Salis-Marschlins. Das Leben einer Kämpferin. Erlenbach–Zürich 1932.

Schmidt-Löbbecke, Caroline [und] Curt Paul Janz: Friedrich Nietzsches Wagner-Erfahrung. (Sils-Maria 1986.)

Segl in Engiadina. Sils im Engadin. Hg. anläßlich des 100jährigen Jubiläums des Kurvereins 1884–1984. Sils 1984.

Stutzer, Beat [Red.]: Das Engadin Ferdinand Hodlers und anderer Künstler des 19. und 20. Jahrhunderts. [Ausstellungskatalog.] Chur/St. Moritz 1990.

Wanner, Kurt: Der Himmel schon südlich, die Luft aber frisch. Schriftsteller, Maler, Musiker und ihre Zeit in Graubünden 1800–1950. Chur 1993.

Zuan, Hans: Sils i. E./Sigl einst und jetzt. Gemeindeporträt. [Privatdruck. Um 1980]

Bildnachweis

Aus: Altenburg, W.: Kursaal Maloja im Oberengadin. Zürich 1891: S. 135 – Arche Verlag, Zürich: S. 100 – Cosmopress, Genf: S. 59 – Deutsches Literaturarchiv (Bildabt.), Marbach a. N.: S. 55, 66 li., 66 re. (Wolfgang Oschatz), 101, 102, 109 (Hugo Erfurth), 110 o. (Erica Loos) – Aus: Halbreich, Harry: Arthur Honegger. Paris 1992: S. 56 – Aus: Huxley, Thomas Henry: Life and Letters. London 1900: S. 133 – Kantonsbibliothek Graubünden, Chur: S. 28, 42 – Aus: Kienberger, Rolf und Urs: Streiflichter aus der Waldhausgeschichte. Sils-Maria 1983: S. 54 – Aus: Klucker, Christian: Erinnerungen eines Bergführers. Zürich 1931: S. 93 – Kulturarchiv Oberengadin (Giuliano Pedretti), Samedan: Hinterer Vorsatz, S. 88 u. 103 (Fotonachlaß Sommer), 132, 144 (Rudolf Boppart) – Kurverein Sils-Maria: S. 6, 7, 13, 15, 17, 33, 34, 37, 47, 49, 53, 77 (Rudolf Boppart), 85, 99, 105, 119 u. 120 (Rudolf Boppart), 125 u., 130, 145 – Aus: Lardelli, Dora: Andrea Robbi. St. Moritz 1988: S. 30, 31 – Dies.: Das Oberengadin in der Malerei. Chur 1985: S. 108 – Schweizer, Literaturarchiv, Bern: S. 94 – Nachrichtenblatt 1969/79 der österreichischen Richard-Wagner-Gesellschaft: S. 68 – Nietzschehaus, Sils-Maria: S. 19, 21, 25, 27, 35, 69, 72, 149 – Aus: Das Oberengadin. Zürich 1906: S. 61, 127, 141, 143 – Privatbesitz Georges Baggerman, Tervuren (Belgien): S. 134, 135 o., 136, 140 – Privatbesitz Frau Castelberg, Silvaplana: S. 78, 79 – Privatbesitz Gian Pol Godly, Sils-Maria: S. 111 – Privatbesitz Friedrich Pfäfflin, Marbach a. N.: S. 90 o., 90 u. – Privatbesitz Mechthild Raabe, Wolfenbüttel: S. 121, 124, 137 – Privatbesitz Aldo Rizzoli, Silvaplana: S. 73, 80 – Privatbesitz Irma Thaler, Zürich: S. 116, 117 – Privatbesitz Reto Zuan, Sils-Maria: S. 26 (R. Guler), 110 u. – Rätisches Museum, Chur: S. 74 – Aus: Rey, Pierre-Louis: Marcel Proust. Eine Bildbiographie. München 1990: S. 51 – Richard-Wagner-Museum, Bayreuth: S. 86 – Aus: Rilke, Rainer Maria und Annie Forrer: Briefwechsel. Frankfurt a. M. 1982: S. 125 o. – Aus: Rilke, Rainer Maria und Inga Junghanns: Briefwechsel. Wiesbaden 1959: S. 118 re. – Aus: Rucki, Isabel: Das Hotel in den Alpen. Die Geschichte der Oberengadiner Hotelarchitektur von 1860 bis 1914. Zürich 1989: S. 41, 43, 113 – Aus: Schleicher, Berta: Meta von Salis-Marschlins. Zürich 1932: S. 48, 84 – Aus: Schnack, Ingeborg: Rilkes Leben und Werk im Bild. 2. Aufl. Frankfurt a. M. 1966: S. 118 li. – Aus: Die Schweiz in Original-Ansichten ihrer interessantesten Gegenden. Text von H. Runge. Darmstadt 1865–67: Vorderer Vorsatz – Schweizerisches PTT-Museum, Bern: S. 29 – Segantini-Museum, St. Moritz: S. 2, 64, 95, 96, 138, 139, 142 – Aus: Sils/Engadin. Zürich 1920: S. 81, 87, 97, 98 – Staatsarchiv Graubünden, Chur: S. 91, 112 – Stadtarchiv Zürich (Der Lesezirkel 12, H. 12, 1924/25): S. 76 – Stadtbibliothek München (Erika- und Klaus-Mann-Archiv): S. 123 – Stiftung Ada und Emil Nolde, Seebüll: S. 107 – Stiftung Weimarer Klassik (GSA), Weimar: S. 9, 23, 147 – Suhrkamp Verlag, Frankfurt a. M.: S. 57 – Aus: Stutzer, Bert: Das Engadin Ferdinand Hodlers und anderer Künstler. Chur 1990: S. 44, 70 – Thomas-Mann-Archiv, Zürich: S. 114 – Universitätsarchiv Heidelberg: S. 32 – Verlag S. Fischer, Frankfurt a. M.: S. 115

Die Karten wurden mit Bewilligung des Bundesamtes für Landestopographie, Bern, vom 2. 9. 1994 reproduziert.

Danksagung

Im September 1959 besuchte mich mein späterer väterlicher Freund Kurt Pinthus, der Verfasser der expressionistischen Anthologie *Menschheitsdämmerung* (1919), in Marbach am Neckar und erzählte begeistert von der Rettung des Nietzschehauses in Sils-Maria durch die Gründung einer Stiftung. Zehn Jahre später war ich in dem schicksalsträchtigen Haus zum erstenmal zu Gast, und seither habe ich manche Ferien dort verbracht. So lernte ich den Ort, die Landschaft, die Berge, die Seen, die Menschen kennen. In den letzten Jahren reifte der Plan, nach dem Vorbild meiner *Spaziergänge durch Goethes Weimar* ein ähnliches Buch über Sils-Maria zusammenzustellen. Daß es heute erscheinen kann, habe ich nicht nur dem Zuspruch meiner Schwesterverlegerin Elisabeth Raabe zu verdanken, sondern auch der kritischen Hilfe meiner Frau. Gemeinsam haben wir die Spazierwege, die Häuser und Plätze erforscht. Dabei haben wir vor Ort manche Unterstützung, insbesondere bei der Bildbeschaffung, erfahren. Besonders möchte ich dem Kurdirektor von Sils-Maria, Guido Locher, für seine Hilfe und die Durchsicht des Manuskripts danken. Weiter danke ich vor allem Mirella Carbone (Bibliotheca Engiadinaisa Sils-Maria), Dr. Michael Davidis (Deutsches Literaturarchiv Marbach a. N.), den Geschwistern Godly (Sils-Maria), Frau Hemmi-Gilly (Sils-Maria), Christoph Jörg (Kantonsbibliothek Graubünden, Chur), Joachim Jung (Nietzschehaus Sils-Maria), den Familien Kienberger und Dietrich (Hotel »Waldhaus«), Dora Lardelli (Segantini-Museum St. Moritz), Dr. Volker Michels (Suhrkamp Verlag, Frankfurt a. M.), Familie Müssgens (Hotel »Margna«), Giuliano Pedretti (Kulturarchiv Oberengadin Samedan), Aldo Rizzoli (Silvaplana) und Dr. Roswitha Wollkopf (Goethe- und Schiller-Archiv Weimar). Im übrigen danke ich Elisabeth Schütze wiederum für ihre Mitarbeit.

Dieses kleine Buch erscheint – was ursprünglich nicht beabsichtigt war – zum 150. Geburtstag von Friedrich Nietzsche. Ich hoffe, daß es dazu beitragen wird, dem von ihm so geliebten Ferienort Sils-Maria neue Freunde zu gewinnen.

Wolfenbüttel, im Juni 1994 P. R.

Biographische Notiz

Paul Raabe, geboren 1927 in Oldenburg (Oldb.). 1948 Diplombibliothekar, 1951–57 Studium der Germanistik und Geschichte in Hamburg, 1957 Promotion über Hölderlins Briefe. 1958–68 Leiter der Bibliothek des Deutschen Literaturarchivs in Marbach a. N. Erforschung des literarischen Expressionismus. 1967 Habilitation in Göttingen. 1968–92 Direktor der Herzog-August-Bibliothek Wolfenbüttel. Seit 1992 Direktor der Franckeschen Stiftungen, Halle/Saale. Ehrendoktor der Universitäten Braunschweig und Krakow. Seit 1986 Herausgeber der »Arche-Editionen des Expressionismus«. Zahlreiche Veröffentlichungen zur Literatur- und Buchgeschichte. Goetheforschung und Beziehungen zu Weimar seit den fünfziger Jahren. Herausgeber der drei Nachtragsbände zu Goethes Briefen. Weimarer Ausgabe. München 1990. Zahlreiche Veröffentlichungen im Arche Verlag.

Personenregister

Halbfette Ziffern verweisen auf Fotos oder Abbildungen.

Veröffentlichungen von Paul Raabe im Arche Verlag

Bibliosibirsk oder
Mitten in Deutschland
Jahre in Wolfenbüttel
398 Seiten. 19 Abb. 1 Karte
Gebunden mit Farbschnitt

Spaziergänge durch Goethes Weimar
188 Seiten. 154 Abb. 5 Karten
Broschur
Aktualisierte Neuausgabe

Gottfried Benn
Statische Gedichte
Mit einer Druckgeschichte und
unveröffentlichten Benn-Briefen
Herausgegeben von Paul Raabe
127 Seiten. 6 Abb. Gebunden

Expressionismus
Der Kampf um eine literarische Bewegung
Herausgegeben von Paul Raabe
Arche-Editionen des Expressionismus
320 Seiten. Broschur

Klabund in Davos
Texte Bilder Dokumente
Zusammengestellt von Paul Raabe
Arche-Editionen des Expressionismus
230 Seiten, 85 Abb. Broschur

»... und diese Erfahrung
habe ich nun auch gemacht«
Texte zum Tod eines nahen Menschen
Herausgegeben von
Elisabeth Raabe und Paul Raabe
116 Seiten. Leinen
Neuausgabe